edition**bōhlissimo**

Clemens M. Gruber

Berühmte Gräber in Wien

Von der Kapuzinergruft bis zum Zentralfriedhof

Böhlau Verlag Wien · Köln · Weimar

Bibliographische Information Der Deutschen Bibliothek:

Die Deutsche Bibliothek verzeichnet diese Publikation in der Deutschen
Nationalbibliografie; detaillierte bibliografische Daten sind im Internet über
http://dnb.ddb.de abrufbar.

ISBN 3-205-77007-2

Umschlagabbildungen: Andreas Burghardt

Umschlaggestaltung: Andreas Burghardt

© 2002 by Böhlau Verlag Ges.m.b.H. und Co. KG, Wien · Köln · Weimar
http://www.boehlau.at

Gedruckt auf umweltfreundlichem, chlor- und säurefreiem Papier

Druck: Imprint, Ljubljana

INHALTSVERZEICHNIS

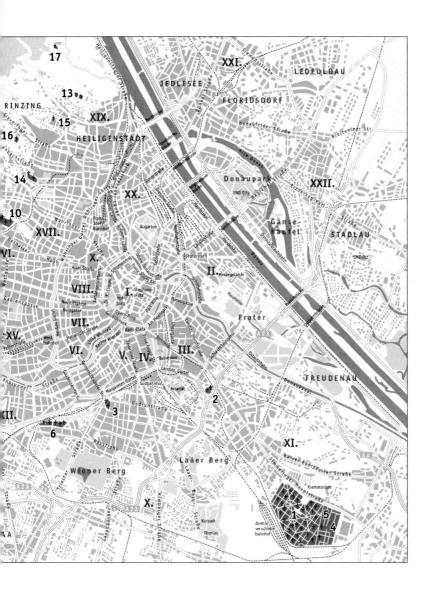

Die Friedhöfe Wiens

7

Max Reinhardt *Max Adler*

Richard Tauber

Berühmte Gräber in Wien

EINLEITUNG

Das vorliegende Werk versucht in bündiger Form, die in Wien begrabenen Berühmtheiten sowohl in Kirchen als auch auf Friedhöfen zu erfassen. Neben der Kaisergruft nehmen in dieser Zusammenstellung vor allem die Ehrengräber auf dem Wiener Zentralfriedhof breiten Raum ein. Dieser Teil des Zentralfriedhofes reiht sich würdig in die Reihe berühmter Begräbnisstätten – wie z. B. Père Lachaise und Pantheon in Paris oder Westminster Abbey in London – ein.

Trotzdem sollte an dieser Stelle der vielen Emigranten des Dritten Reiches gedacht werden, die fern der Heimat – verstreut über die ganze Welt – ihre letzte Ruhestätte gefunden haben. Stellvertretend für so viele seien nur einige genannt:

Sigmund Freud   begr. in London
Richard Tauber   begr. bei London
Alfred Adler   begr. in Edinburgh
Stefan Zweig   begr. in Petropolis bei Rio de Janeiro
Max Reinhardt   begr. in New York

Wohl gibt es fallweise Bemühungen einer Rückführung nach Wien auf ein Ehrengrab – dem stehen jedoch oft ausdrückliche testamentarische Verfügungen resp. die Tatsache, daß es bei israelitischen Friedhöfen keine Exhumierungen gibt, entgegen.

Von den aus dem Exil rückgeführten – und nunmehr in Wien begrabenen Persönlichkeiten – seien z. B. genannt:

Franz Werfel, Arnold Schönberg, Alexander Zemlinsky und Ödön v. Horváth.

Möge dieses Buch dem interessierten Leser Hilfestellung beim Auffinden von Begräbnisstätten berühmter Personen geben, aber auch einen Beitrag zur so reichen geschichtlichen und kulturellen Vergangenheit Österreichs leisten.

Für das Zustandekommen der Neuauflage danke ich ganz besonders Herrn SR Dr. Bernhard Denscher, Herrn SR Dr. Wolf-

gang Hilger (MA 7), Frau Marianne Lambrechter und Herrn OAR
L. Tichacek (MA 43), Ing. Franz Ratzka (Stadtgartenamt, MA 42),
Mag. Michael Wolf (evang. Friedhöfe), den Herren und Damen
verschiedener Friedhofsverwaltungen sowie Frau Dr. Eva Rein-
hold-Weisz vom Böhlau Verlag, die mir zu jeder Zeit mit Rat und
Tat zur Seite stand.

Prof. Clemens M. Gruber

BEGRÄBNISSTÄTTEN IN KIRCHEN UND EIGENSTÄNDIGE GRABSTÄTTEN

AUGUSTINERKIRCHE
1010, Augustinerstraße 3

Abraham a Sancta Clara, eigentl. Johann Ulrich Megerle (1644 bis 1709). Dt. Augustinermönch, berühmter Kanzelredner (Mercks Wien) und Schriftsteller. Beigesetzt in der Mönchsgruft unter der rechten Seite des Presbyteriums. Grab nicht mehr erhalten.
Daun, Leopold Graf v. (1705–1766). Österr. Feldmarschall, Reorganisator der österr. Armee. Sieger von Kolin und Hochkirch.
In der Kirche befindet sich die 1634 errichtete „Herzgruft" der Habsburger.

KIRCHE AM HOF
„Zu den neun Chören der Engel"
1010, Am Hof

Montecuccoli, Raimund Graf v. (1609–1680). Kaiserlicher Feldherr, Sieger über die Türken bei St. Gotthard a. d. Raab 1664, Militärschriftsteller.

KAPUZINERKIRCHE
„Zur hl. Maria von den Engeln"
1010, Neuer Markt

Die Kapuzinergruft geht auf eine Stiftung von Kaiser Matthias und der Kaiserin Anna zurück und ist zusammen mit der 1622 begonnenen Kirche errichtet worden. 1633 erfolgte die Weihe und erste Beisetzung durch Überführung der Särge von Kaiser Matthias und seiner Gemahlin Anna. Die Gruft wurde im Laufe der Jahrhunderte mehrfach erweitert, zuletzt 1959–60. In ihr sind etwa 140 Angehörige des Hauses Habsburg beigesetzt, als einzige Nichthabsburgerin Karoline Gräfin von Fuchs, die Erzieherin Maria Theresias.
Matthias (1557–1619). Deutscher Kaiser 1612–1619. Sohn Maximilians II.
Ferdinand III. (1608–1657). Deutscher Kaiser 1637–1657. Sohn Ferdinands II.

Leopold I. (1640–1705). Deutscher Kaiser 1658–1705. Sohn Ferdinands III.

Joseph I. (1678–1711). Deutscher Kaiser 1705–1711. Sohn Leopolds I.

Karl VI. (1685–1740). Deutscher Kaiser 1711–1740. Erließ 1724 die Pragmatische Sanktion, durch die in Österreich auch die weibliche Linie für die Erbfolge zugelassen wurde. Sohn Leopolds I.

Franz I. (1708–1765). Herzog von Lothringen 1729–1736, deutscher Kaiser 1745–1765. Vermählte sich 1736 mit Maria Theresia.

Joseph II. (1741–1790). Deutscher Kaiser 1765–1790. Reformer im Sinne eines aufgeklärten Absolutismus. Sohn von Franz I. und Maria Theresia.

Leopold II. (1747–1792). Deutscher Kaiser 1790–1792. Bruder Josephs II.

Maria Theresia

Grab Maria Theresias in der Kapuzinergruft

Maria Theresia (1717–1780). Erzherzogin von Österreich und Königin von Ungarn und Böhmen 1740–1780, als Gemahlin von Franz I. Kaiserin. Tochter Karls VI. Doppelsarkophag aus Zinn von Balthasar F. Moll (1753).

Albert Kasimir (1738–1822). Herzog von Sachsen-Teschen. Generalstatthalter in den österr. Niederlanden 1780–1792. Begründer der „Albertina", der größten Handzeichnungssammlung der Welt. Schwiegersohn Maria Theresias.

Berühmte Gräber in Wien

Carl (1771–1847). Erzherzog von Österreich, Feldherr. Besiegte Napoleon bei Aspern 1809, Sohn Leopolds II.

Maria Louise (1791–1847). Erzherzogin von Österreich. Zweite Gemahlin Napoleons I., Kaiserin der Franzosen. Tochter Franz' II.

Ferdinand Maximilian (1832–1867). Erzherzog von Österreich, als Maximilian I. Kaiser von Mexiko 1864–1867. Bruder Franz Josephs I.

Särge von Elisabeth, Franz Joseph I. und Rudolf (v. l.)

Franz Joseph I. (1830–1916). Kaiser von Österreich 1848–1916.

Elisabeth (1837–1898). Kaiserin von Österreich. Gemahlin Franz Josephs I. In Genf ermordet.

Rudolf (1858–1889). Kronprinz von Österreich. Fand mit seiner Geliebten, Mary Vetsera, in Mayerling den Tod.

Zita (1892–1989). Letzte Kaiserin von Österreich, Gemahlin Karls I. († 1922 Funchal).

MARIA AM GESTADE
1010, Am Gestade

Hofbauer, Klemens Maria (1751–1820). Redemptorist, Gegner der Aufklärung.

MICHAELERKIRCHE
1010, Michaelerplatz

Metastasio, Pietro (1698–1782). Opernlibrettist, kaiserlicher Hof-
poet.

SCHOTTENKIRCHE
1010, Freyung 6

Starhemberg, Ernst Rüdiger Graf v. (1638–1701). Feldmarschall,
Verteidiger Wiens gegen die Türken 1683.
Troger, Paul (1698–1762). Österr. Barockmaler.

STEPHANSDOM
1010, Stephansplatz

Friedrich III. (1415–1493). Deutscher König seit 1440, Kaiser seit
1452.

Eugen, Prinz von Savoyen
(1663–1736). Feldmarschall,
Sieger über die Türken, Erbauer von Schloß Belvedere.
Fischer v. Erlach, Johann B.
(1656–1723). Österr. Ba-
rockbaumeister (Karlskir-
che, Hofbibliothek).
Hildebrandt, Johann Lucas v.
(1668–1745). Baumeister
(Belvedere, Schloß Mirabell
in Salzburg). Lage des Grabes unbekannt.
Innitzer, Theodor (1875–1955).
Erzbischof von Wien seit
1932, Kardinal.

Grabmal Prinz Eugens

SERVITENKIRCHE
1090, Servitengasse 9

Piccolomini, Ottavio (1599–1656), Herzog von Amalfi, kaiserl.
Heerführer im 30jähr. Krieg, verriet Wallenstein an den Kaiser.
Kein Grabmal.

Mauerbach

1140, Mauerbachstraße, nahe Nr. 47

Laudon, Gideon Ernst Freiherr v. (1717–1790). Feldmarschall. Siege gegen die Preußen und Türken. Der Leichnam wurde nach Bistritz a Hosteni (Mähren) überführt.

Neuwaldegg

1170, Höhenstraße, Schwarzenbergpark

Lacy, Franz Moritz Graf (1725–1801). Feldmarschall. Reorganisator der österr. Armee.

DIE FRIEDHÖFE WIENS

Wie im Mittelalter üblich, wurden auch in Wien die Toten innerhalb der Stadtmauern bestattet. Die ältesten Friedhöfe waren bei
der Ruprechts- und bei der Peterskirche. Der berühmteste im
alten Wien war der Stephansfreithof, der die Stephanskirche um-
gab und vier Tore hatte, die bei Nacht geschlossen wurden. Bis
zum 16. Jh. gab es drei große Pfarrfriedhöfe (St. Stephan, St. Michael und Schotten) sowie zwei außerhalb der Mauern. Durch das
Anwachsen der Bevölkerung war es mit der Zeit nötig, alle Friedhöfe außerhalb der Basteien anzulegen. 1732 wurde auch der Stephansfreithof aufgelassen. Auch diese Maßnahme genügte bald
nicht mehr, und unter Kaiser Joseph II. durften neue Friedhöfe
nur mehr außerhalb der Linie errichtet werden, so z. B. der Ortsfriedhof von Währing (1796). Auch der St. Marxer Friedhof ent-
stand um diese Zeit. Für die westlichen Vororte wurden darüber
hinaus eigene Friedhöfe angelegt, wie in Hietzing oder in Döbling
(heute Strauß-Lanner-Park). Nach der Choleraepidemie von 1873
wurden die Linienfriedhöfe geschlossen und zum Teil peripher
verlegt oder deren Funktion von alten Ortsfriedhöfen übernom-
men. Gleichzeitig faßte die Gemeinde Wien den Plan, einen Zentralfriedhof zu schaffen, der allen Anforderungen genügen sollte.

ZENTRALFRIEDHOF

Gruppe 0
Peter Altenberg
Adolf Loos

Gruppe 5A
Karl Kraus

Gruppe 6
Gustav Mahler

Gruppe 6, Isr. Abt.
Arthur Schnitzler

Gruppe 32A
Ludwig van Beethoven
Johannes Brahms
Wolfgang Amadeus Mozart
Johann Nestroy
Franz Schubert
Johann Strauß Sohn

Gruppe 32C
Hans Moser
Arnold Schönberg

Gruppe 33G
Ernst Jandl
Helmut Qualtinger
Margarete Schütte-Lihotzky

Gruppe 40
Falco

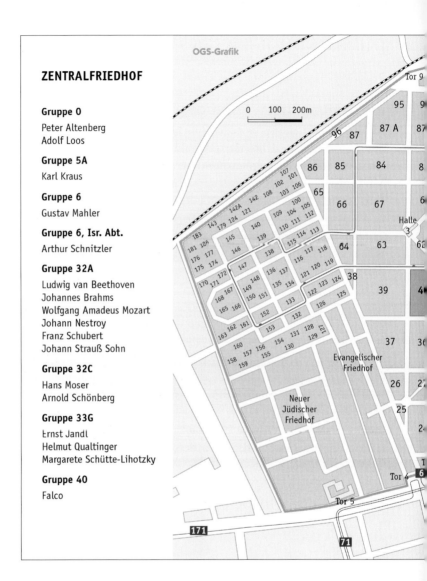

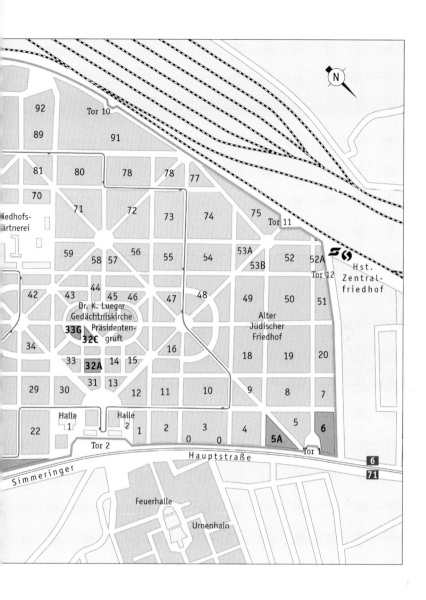

DER ZENTRALFRIEDHOF

1110, Simmeringer Hauptstraße 234
Straßenbahnlinien 6, 71

Als die fünf kommunalen Friedhöfe infolge der zunehmenden Verbauung des Stadtgebiets sich als zu klein erwiesen, schuf man auf Beschluß des Gemeinderates vom 7. Dezember 1866 einen „Zentralfriedhof". Er dehnt sich an der rechten Seite der Simmeringer Hauptstraße (von der Stadt aus gesehen) vom Weichseltalweg bis hart an den Westrand von Schwechat aus, während er an der Rückseite von der Verbindungsbahntrasse begrenzt wird.

Die Wahl eines geeigneten Terrains hatte die Gemüter des Gemeinderates durch Jahre hindurch erhitzt, und dem amtierenden Bürgermeister, Dr. Cajetan Felder, wurde, da er gleichzeitig als Vormund des minderjährigen Brauereibesitzers Anton Dreher dessen Interessen an der nahe gelegenen Schwechater Brauerei zu wahren hatte, unberechtigterweise parteiische Stellungnahme vorgeworfen.

Der Friedhof wurde am 1. November 1874 eröffnet, konnte aber trotz mehrfacher Erweiterungen die ihm zugedachte Aufgabe eines Wiener Zentralfriedhofs nicht erfüllen.

Den Mittelpunkt des nach den Plänen der Architekten Blutschli und Mylius aus Frankfurt am Main errichteten Zentralfriedhofes bildet der Kapellenhof mit der mächtigen, nach Entwürfen des Architekten Max Hegele erbauten Kuppelkirche, in deren Gruftraum der Sarkophag des Bürgermeisters Dr. Karl Lueger steht. Das Hauptportal mit dem großen Christus-Relief, gestaltet von Leisek und Zinsler, wurde 1905 vollendet.

Mit 350.000 Grabstellen, darunter viele künstlerische Denkmäler, auf einer Fläche von 2 km² gehört der Zentralfriedhof zu den größten Friedhöfen Europas. Neben der katholischen hat er auch evangelische, israelitische und russisch-orthodoxe Abteilungen.

Während der Kämpfe um Wien, im April 1945, war auch der Zentralfriedhof Kampfgebiet zwischen den vordringenden Sowjets und den deutschen Truppen, wodurch schwere Schäden entstanden.

Die Ehrengräber

Im Jahre 1881 erhielt der damalige Archivdirektor Karl Weiß den Auftrag, eine Liste mit den Namen jener Persönlichkeiten vorzulegen, deren Verdienste die Widmung von Ehrengräbern auf Kosten der Stadt rechtfertigen. Die sterblichen Überreste eines Großteils dieser Persönlichkeiten, deren Gräber sich in den zur Auflassung bestimmten Vorortefriedhöfen befanden, wurden sodann auf den Zentralfriedhof gebracht; diese Ehrengräbergruppe ist entlang der Friedhofsmauer vom 2. zum 3. Tor (links vom Haupttor) zu finden und trägt die Bezeichnung Gruppe 0.

Weitere Ehrengräber sind zu beiden Seiten der vom Haupteingang ausgehenden großen Allee angeordnet. Hier findet man zahlreiche bekannte Namen aus Kunst, Politik und Wissenschaft. In der Platzmitte vor der Kirche befindet sich die Gruft der österr. Bundespräsidenten nach 1945.

Seit 1945 unterscheidet man drei Arten von Gräbern, die als Gedenkstätten von der Stadt Wien gewidmet werden:

Ehrengräber werden seit 1945 nur im Zentralfriedhof und im Urnenhain gewidmet. Sie liegen in dafür reservierten Gruppen. Pflege und Schmückung der Gräber wird von der Stadt Wien besorgt, die Aufstellung des Grabsteines obliegt den Angehörigen. Ein Ehrengrab ist die höchste Auszeichnung, welche die Gemeinde Wien einem Verstorbenen zuerkennen kann. Die Widmung erfolgt auf Friedhofsdauer.

Bei *ehrenhalber gewidmeten Gräbern* handelt es sich um Normalgräber, in Einzelfällen ist die Widmung auch in Wahl-(Bezirks-) Friedhöfen möglich. Die Widmung erfolgt auf Friedhofsdauer, Pflege und Setzen des Grabsteines obliegt den Angehörigen. Bei diesen Ruhestätten kann es sich auch um bereits bestehende Grabstätten handeln.

Die *Inobhutnahme von Grabstellen* erfolgt, wenn ein Grab, in dem eine berühmte Persönlichkeit ruht, verwahrlost ist, weil keine Angehörigen mehr leben oder diese nicht in der Lage sind, für die Pflege zu sorgen. Selbstverständlich kann die Stadt auch die ehrenhalber erfolgte Widmung mit der Inobhutnahme eines Grabes verbinden.

Berühmte Gräber in Wien

Gruppe o (links vom Haupttor, Tor 2)

1. *Leeb, Nikolaus v.* (1769–1837). Bürgermeister von Wien 1835 bis 1837.
3. *Collin, Heinrich v.* (1772–1811). Schriftsteller. (Porträtrelief von Viktor Tilgner).
6. *Vogl, Johann Nep. Dr.* (1802–1866). Dichter. „Vater der österr. Ballade".
8. *Lampi, Johann v.* (1751–1830). Maler
10. *Seidl, Johann G.* (1804–1875). Dichter. Verfasser der von Haydn vertonten Kaiserhymne „Gott erhalte …"

Ida Pfeiffer

12. *Pfeiffer, Ida* (1797–1858). Weltreisende und Schriftstellerin.
16. *Mundy, Jaromir Baron* (1822–1894). Chefarzt der 1881 gegründeten „Wr. freiwilligen Rettungsgesellschaft".
18. *Castelli, Ignaz Franz* (1781–1862). Dichter, Opernlibrettist. Gründete 1847 den Österr. Tierschutzverein.
19. *Klein, Johann* (1765–1848). Gründer des Blindenerziehungsinstitutes.
20. *Deinhardstein, Johann* (1794–1859). Schriftsteller, Vizedirektor des Hofburgtheaters.
21. *Weigl, Josef* (1766–1846). Hofkapellmeister. Opernkomponist. Taufkind Haydns.
23. *Sechter, Simon* (1788–1867). Komponist, Hoforganist. Lehrer Anton Bruckners.
26. *Jahn, Wilhelm* (1835–1900). Direktor der Staatsoper 1881 bis 1897.
27. *Pichler, Karoline* (1769–1843). Schriftstellerin.
36. *Mayseder, Josef* (1789–1863). Violinvirtuose, Komponist. Veranstalter der „Bürgerspitalkonzerte".

39. *Ranftl, Matthias* (1805–1854). Maler.
49. *Czerny, Karl* (1791–1857). Pianist, Klavierpädagoge. Schüler Beethovens, Lehrer Franz Liszts.

54. *Salieri, Antonio* (1750 bis 1825). Opernkomponist, Hofkapellmeister. Lehrer von Beethoven, Schubert, Meyerbeer.
55. *Wirer v. Rettenbach, Paolo de Dr.* (1771–1844). Begründer der Kuranstalten in Bad Ischl.
59. *Gauermann, Jakob* (1773–1843). Altwiener Maler, Vater Friedrich Gauermanns.
60. *Sturmfeder, Louise Freiin v.* (1789–1866). Erzieherin von Kaiser Franz Joseph I. und Kaiser Maximilian von Mexiko.

Antonio Salieri

61. *Gänsbacher, Johann* (1778–1844). Komponist. Ab 1823 Domkapellmeister zu St. Stephan.
65. *Kreß, Wilhelm* (1836–1913). Konstrukteur, Flugpionier, Erfinder des Drachenfliegers 1877.
66. *Bayer, Josef* (1852–1913). Hofkapellmeister, Ballettkomponist („Die Puppenfee").
79. *Griepenkerl, Christian* (1839–1916). Maler, Schüler Rahls. Schuf den 1945 zerstörten „Orpheus"-Vorhang der Hofoper und Fresken im Zuschauerraum.
80. *Kinzer, Karl Dr.* (1857–1916). Erbauer der 2. Wiener Hochquellenwasserleitung.
81. *Psenner, Ludwig Dr.* (1834–1917). Volkswirtschaftlicher Schriftsteller.
84. *Altenberg, Peter* (= Richard Engländer) (1859–1919). Dichter und Schriftsteller.

94. *Leschetitzky, Theodor* (1830–1915). Klavierpädagoge, Komponist. Schüler Czernys.

98. *Müller-Guttenbrunn, Adam* (1852–1923). Dichter.

99. *Mandyczewski, Eusebius Dr.* (1857–1929). Musikhistoriker und Pädagoge.

101. *Marcus, Siegfried* (1831–1898). Techniker. Konstruierte 1875 das erste benzinbetriebene Auto.

104. *Viertel, Berthold* (1885–1953). Schriftsteller. Regisseur am Burgtheater und in Salzburg.

105. *Loos, Adolf* (1870–1933). Architekt und Innenarchitekt („Loos-Haus" am Michaelerplatz).

GRUPPE 14 A

1. *Anzengruber, Ludwig* (1839–1889). Dramatiker, Schriftsteller. Volksstücke „Der Meineidbauer", „Die Kreuzelschreiber", „Der G'wissenswurm" u. a.

3. *Weilen, Josef Ritter v.* (1828–1889). Professor, Schriftsteller.

4. *Petzval, Josef Dr.* (1807 bis 1891). Erfinder des lichtstarken Objektivs.

6. *Hofmann, Eduard Ritter v.* (1837–1897). Leiter des Inst. f. gerichtliche Medizin an der Universität Wien. Obduzierte 1889 Kronprinz Rudolf.

Ludwig Anzengruber

7. *Billroth, Theodor Dr.* (1829–1894). Berühmter Chirurg. Gründete das Rudolfinerhaus. Grabdenkmal von Kaspar Zumbusch.

11. *Holub, Emil v.* (1847–1902). Völkerkundler, Afrikaforscher.

16. *Zelinka, Andreas Dr.* (1868–1897). Rechtsanwalt. Bürgermeister von Wien 1861–1868.

17. *Feuchtersleben, Ernst Frh. v.* (1806–1849). Arzt, Lyriker. Reformierte das Unterrichtswesen.

18. *Fernkorn, Anton D. Ritter v.* (1813–1878). Bildhauer, Kunsterzgießer. Schöpfer der Reiterstandbilder auf dem Heldenplatz.

20. *Hansen, Theophil Frh. v.* (1813–1891). Professor, Architekt. Schuf das Parlament, das Haus der Gesellschaft d. Musikfreunde, die Börse.

27. *Uhl, Eduard Ritter v.* (1813–1892). Bürgermeister von Wien 1882–1889.

28. *Tilgner, Viktor* (1844 bis 1896). Bildhauer. Schöpfer des Mozart- und Makartdenkmals.

30. *Amerling, Friedrich Ritter v.* (1803–1887). Maler. Bedeutendster Porträtist der Biedermeierzeit.

32. *Makart, Hans* (1840–1884). Maler.

Theophil Hansen

Gestaltete 1879 den großen Festzug zur Silberhochzeit des Kaiserpaares.

35. *Uchatius, Franz Frh. v.* (1811–1881). Feldmarschall-Leutnant. Erfinder der Geschützbronze.

39. *Costenoble, Karl* (1837–1907). Bildhauer.

43. *Fendi, Peter* (1796–1842). Genremaler, Graphiker.

44. *Daffinger, Moritz* (1790–1849). Miniaturenmaler (über 1000 Porträts).

45. A *Kornhäusel, Joseph* (1782–1860). Architekt des Klassizismus: Husarentempel, Wohnturm am Fleischmarkt, Theater in der Josefstadt.

50. *Costenoble, Karl Ludwig* (1769–1837). Hofschauspieler, Regisseur des Burgtheaters.

52. *Alt, Rudolf* (1812–1905).
Altwiener Maler und
Aquarellist (Landschaften).
54. *Schmidt, Friedrich Frh. v.*
(1825–1891). Dombaumei-
ster, Hauptvertreter des Hi-
storismus: Rathaus, Maria
vom Siege, Brigittakirche.
55. *Prix, Johann* (1836–1894).
Rechtsanwalt. Bürgermei-
ster von Wien 1889 bis
1894. Grabdenkmal von
Viktor Tilgner.

Rudolf von Alt

Gruppe 14 C

1. *Boltzmann, Ludwig* (1844
bis 1906). Physiker, Naturforscher. Pionier der Atom-
theorie.
1. A *Jochmann, Rosa* (1901 bis
1994). Politikerin. Von
1945 bis 1967 Mitglied des
Parteivorstands der SPÖ
und Abgeordnete zum Na-
tionalrat.
4. *Jarno, Josef* (1865–1932).
Schauspieler. Direktor des
Theaters in der Josefstadt
und des Stadttheaters.
Niese-Jarno, Hansi (1875
bis 1934). Volks- und Filmschauspielerin. Gattin von
Josef Jarno.
Jarno-Brecza, Hansi
(1901–1933). Schauspielerin. Tochter der Obigen.
6. *Wildgans, Anton* (1881–1932). Dichter. Burgtheaterdirektor
1921/22 und 1930/31.

Ludwig Boltzmann

7. *Seipel, Ignaz Dr.* (1876–1932). Politiker, kathol. Priester, Bundeskanzler 1922/24 und 1926/29. Führte die Schillingwährung ein.

Selma Kurz-Halban

8. *Kurz-Halban, Selma* (1874–1933). Koloratursopran. Wirkte 1899–1929 an der Staatsoper. Grabdenkmal von Fritz Wotruba.
9. *Kralik, Richard v.* (1852–1934). Schriftsteller, Opernlibrettist.
11. *Schönherr, Karl* (1867–1943). Dramatiker („Der Weibsteufel").
12. *Nowotny, Walter* (1920–1944). Erfolgreichster Kampfflieger der Luftwaffe (258 Luftsiege).
16. *Pfitzner, Hans* (1869–1949). Komponist, Dirigent. Schrieb u. a. die Opern „Palestrina" und „Christelflein".
19. *Keldorfer, Viktor* (1873–1959). Musiker, Komponist. Leiter des Wr. Schubertbundes.
21. *Kunschak, Leopold* (1871–1953). Präsident des Nationalrates 1945–1952.
21. A *Raab, Julius* (1891–1964). Baumeister, Politiker. Bundeskanzler 1953–1961, leitete die Verhandlungen, die zum österr. Staatsvertrag führten.
21. B *Sallinger, Rudolf, Ing.* (1916–1992), Politiker, Unternehmer. 1964–1990 Präs. der Bundeskammer der gewerbl. Wirtschaft. Nationalratsabgeordneter 1966–1990.

Berühmte Gräber in Wien

Leopold Figl

22. *Figl, Leopold* (1902–1965). Politiker. Bundeskanzler 1945–1953, Außenminister 1953–1959, Nationalratspräsident 1959–1962.

58. A *Slavik, Felix* (1912–1980). Kommunalpolitiker. Bürgermeister von Wien 1970–1973.

GRUPPE 32 A

1. *Bauernfeld, Eduard v.* (1802–1890). Lustspieldichter. Freund Grillparzers.

2. *Mühlfeld, Eugen Megerle v.* (1810–1868). Anwalt, Reichstagsabgeordneter. Außergewöhnliche Ähnlichkeit mit Napoleon I.

4. *Mohs, Friedrich* (1773–1839). Mineraloge. Schuf die zehnteilige Härteskala für Mineralien.

5. *Nüll, Eduard van der* (1812–1868, Selbstmord). Architekt. Erbaute mit Siccardsburg die Staatsoper, das Carltheater und Adelspaläste.

6. *Nestroy, Johann* (1801–1862). Theaterdichter, Schauspieler, Direktor des Carltheaters. Schrieb u. a. „Lumpazivagabundus" und „Der Talisman".

7. *Rahl, Karl* (1812–1865). Porträt- und Historienmaler.

10. *Wolf, Hugo* (1860–1903). Komponist, Musikkritiker. Oper „Der Corregidor", Lieder. Starb in Umnachtung.

Der Zentralfriedhof   29

11. *Müller, Adolf sen.* (1807–1886). Komponist, Kapellmeister am Theater a. d. Wien. Schrieb Singspiele, Possen.

12. *Rückauf, Anton* (1856–1903). Komponist, Pianist. Oper „Die Rosenthalerin".

13. *Komzák, Karl* (1850–1905, verunglückt). Militärkapellmeister, Komponist.

15. *Strauß, Johann Vater* (1804–1849). Komponist, Kapellmeister. Ahnherr der Walzer-Strauß-Dynastie. Schrieb u. a. den „Radetzkymarsch".

16. *Lanner, Josef* (1801–1843). Komponist, Kapellmeister. Schöpfer des Wiener Walzers.

17. *Gallmeyer, Josefine* (1838–1884) Altwiener Schauspielerin, Soubrette.

18. *Geistinger, Marie* (1833–1903). Schauspielerin, Sängerin. Königin d. Wiener Operette. Leitete das Theater a. d. Wien 1869–75.

20. *Wolter, Charlotte* (1834–1897). Gefeierte Tragödin am Burgtheater (ab 1862).

23. *Negrelli, Alois Ritter v. Moldelbe* (1799–1858). Wasserbautechniker. Entwarf die Pläne für den Suezkanal.

24. *Ghega, Carl v.* (1802–1860). Techniker. Erbauer der Semmeringbahn, der ersten Gebirgsbahn Europas.

26. *Brahms, Johannes Dr.* (1833–1897). Komponist. Dirigent der Singakademie.

27. *Strauß, Johann Sohn* (1825–1899). Komponist, Kapellmeister. Operetten „Fledermaus" und „Der Zigeunerbaron", Walzer „An der schönen blauen Donau".

28. *Schubert, Franz* (1797 bis 1828). Komponist. Meister des deutschen Liedes (über 600 Vertonungen), acht Sinfonien, Singspiele, Kirchenmusik.

29. *Beethoven, Ludwig van* (1770–1827). Komponist.

Johannes Brahms

Johann Strauß Sohn *Ludwig van Beethoven*

Meister der „Wiener Klassik". Oper „Fidelio", neun Sinfonien, Messen, Konzerte.

31. *Suppé, Franz v.* (1819 bis 1895). Komponist. Schöpfer klassischer Operetten „Boccaccio", „Fatinitza" u. a.

32. *Herbeck, Johann v.* (1831 bis 1877). Hofkapellmeister, Komponist. Gönner Bruckners.

33. *Hasenauer, Carl Frh. v.* (1833–1894). Architekt. Erbaute mit Semper die beiden Hofmuseen und das neue Burgtheater.

35. *Millöcker, Karl* (1842 bis 1899). Komponist. Repräsentant der klassischen Wiener Operette, „Der Bettelstudent", „Gasparone" u. a.

Karl Millöcker

36. *Martinelli, Ludwig* (1832–1913). Schauspieler.
37. *Payer, Julius Ritter v.* (1842–1915). Offizier, Kartograph, Maler, Polarforscher. Leitete 1872–74 die österr.-ung. Nordpolexpedition und entdeckte „Franz-Joseph-Land".
39. *Zumbusch, Kaspar v.* (1830–1915). Bildhauer. Schöpfer des Maria-Theresien-, Albrecht- und Beethoven-Denkmals.
40. *Helmer, Hermann* (1849–1919). Architekt. Schuf zusammen mit Fellner über 40 Theaterbauten in aller Welt.
41. *Friedrich-Materna, Amalie* (1845–1918). Primadonna der Wiener Hofoper 1869–1894. Kammersängerin.
42. *Strauß, Eduard* (1835–1916). Komponist, Hofballmusikdirektor. Bruder von Johann und Josef Strauß. Leitete das „Strauß-Orchester".
43. *Wilt, Marie* (1839–1891, Selbstmord). Kammersängerin.
44. *Strauß, Josef* (1827–1870). Komponist, Kapellmeister. Bruder von Johann und Eduard Strauß. Schrieb vorwiegend Walzer, „Dorfschwalben", „Sphärenklänge" u. a.
45. *Schreyvogel, Josef* (1768–1832). Dramaturg, Burgtheaterdirektor 1814–1832. Förderer Grillparzers.
45. A *Krones, Therese* (1801–1830). Gefeierte Soubrette am Leopoldstädter Theater 1821–1829.
46. *Berger, Alfred* (1853–1912). Burgtheaterdirektor 1910–1912. *Hohenfels, Stella* (1857–1920). Burgschauspielerin, Gattin von Alfred Berger.
46. A *Eysler, Edmund* (1874–1949). Komponist, Klavierlehrer, Operetten „Die goldene Meisterin", „Bruder Straubinger" u. a.
47. *Blasel, Karl* (1831–1922). Schauspieler, Komiker.
49. *Gluck, Christoph Willibald Ritter v.* (1714–1787). Opernkomponist. Reformator der dt. Oper. „Orpheus und Eurydike", „Alceste".
50. *Weinzierl, Max v.* (1841–1898). Komponist, Kapellmeister am Ringtheater. Schrieb das „Rattenfängerlied".
51. *Bitterlich, Eduard* (1833–1872). Maler, Bildhauer. Schüler Waldmüllers und Rahls. Arbeitete an der Wiener Oper.
52. *Coch, Georg Dr.* (1842–1890). Gründer des Postsparkassenamtes.
55. *Mozart, Wolfgang Amadeus* (1756–1791). Komponist. Gedenkstein. Die Gebeine ruhen am St. Marxer Friedhof (siehe Seite 76 ff.).

Berühmte Gräber in Wien

1. *Ziehrer, Carl Michael* (1843–1922). Komponist, Militärkapellmeister, letzter Hofballmusikdirektor 1908 bis 1918. Schrieb Walzer, Operetten „Die Landstreicher", „Der Fremdenführer" u. a.

2. *Grünfeld, Alfred* (1852 bis 1924). Bekannter Pianist, Komponist. Operette „Der Lebemann".

3. *Wittmann, Hugo* (1839 bis 1923). Journalist. Schrieb Operetten-Libretti für Strauß, Millöcker und Weinberger.

Carl Michael Ziehrer

6. *Angeli, Heinrich v.* (1840–1925). Beliebter Porträtmaler.

8. *Strasser, Arthur* (1854– 1927). Bildhauer. Schuf die Marc-Anton-Gruppe vor der Secession.

10. *Devrient, Max* (1857–1929). Schauspieler am Ring- und Burgtheater.

11. *Reimers, Georg* (1850–1936). Burgschauspieler.

13. *Wildbrandt-Baudius, Auguste* (1843–1937). Burgschauspielerin 1861–1878 und 1898–1937.

15. *Bittner, Julius* (1874–1939). Jurist, Komponist, Dichter. Opern „Der Musikant", „Der Bergsee" u. a.

16. *Schmidt, Franz* (1874–1939). Komponist. Leiter der Musikakademie. Oper „Notre-Dame", Oratorium „Das Buch mit 7 Siegeln".

17. *Reiter, Josef* (1862–1939). Komponist, Kapellmeister am Burgtheater. Oper „Der Bundschuh".

18. *Wagner-Jauregg, Julius* (1857–1940). Psychiater. Erhielt 1927 Nobelpreis für Medizin.

20. *Kienzl, Wilhelm* (1857–1941). Komponist, Dirigent. Komponierte die Staatshymne der Ersten Republik. Opern „Der Evangelimann", „Der Kuhreigen" u. a.

21. A *Schönberg, Arnold* (1874–1951). Komponist. Einer der Be-

Arnold Schönberg   *Bruno Kreisky*

gründer des Zwölftonsystems und der „Neuen Wiener Schule". Oper „Moses und Aaron".

21. B *Kreisky, Bruno Dr.* (1911–1990). Politiker. Außenminister 1959–1966, Parteivorsitzender der SPÖ, Bundeskanzler 1970 bis 1983.

22. *Krauß, Werner* (1884–1959). Kammer- und Filmschauspieler, Charakterdarsteller. Träger des Ifflandrings.

23. *Skoda, Albin* (1909–1961). Burgschauspieler.

24. *Stolz, Robert* (1880–1975). Komponist. Schrieb ca. 1200 Lieder, Musik zu 98 Tonfilmen, Operette „Venus in Seide" u. a.

25. *Ginzkey, Franz Karl* (1871–1963). Schriftsteller. Mitgründer der Salzburger Festspiele. Romane, Balladen.

26. *Schönbauer, Leopold Dr.* (1888–1963). Chirurg, bedeutender Krebsforscher. Schöpfer der Neurochirurgie.

27. *Moser, Hans* (1880–1964). Richtiger Name Jean Juliet. Komiker, Filmschauspieler.

28. *Gruber, Ludwig* (1874–1964). Komponist. „Mei Muaterl war a Weanerin", Oper „Aschermittwoch".

29. *Marx, Josef* (1882–1964). Komponist. Leiter der Akademie für darstellende Kunst 1922/25. Schrieb Chorwerke, Lieder, Sinfonien.

30. *Boeckl, Herbert* (1894–1966). Maler, Schüler von Adolf Loos. Vertrat malerischen Expressionismus.

Fritz Wotruba
Albert Paris Gütersloh

31. *Pabst, Georg* (1885–1957). Schauspieler, Filmregisseur.
32. *Wotruba, Fritz* (1907–1975). Bildhauer. Schüler Hanaks. Schuf zahlreiche Denkmäler sowie die Kirche auf dem Georgenberg in Mauer bei Wien.
33. Gedenkstein für die fünf am Dhaulagiri (Himalaya) 1969 von einer Lawine verschütteten österr. Bergsteiger.
34. *Farkas, Karl* (1893–1971). Kabarettist, Schauspieler. Leitete das Kabarett „Simpl".
35. *Gütersloh, Albert Paris* (1887–1973). Eigentl. Albert Kiehtreiber. Maler, Schriftsteller. Vater des Phantastischen Realismus. Schrieb auch Romane.
36. *Braun, Felix* (1885–1973).
   Schriftsteller. Vertrat als Lyriker und Dramatiker die neuromantische Richtung.
37. *Lothar, Ernst* (1890–1974). Schriftsteller, Regisseur. Burgschauspieler 1933–35 und ab 1946. Direktor Theater in der Josefstadt.
38. A *Gessner, Adrienne* (1896–1987). Schauspielerin, ab 1955 dem Ensemble des Burgtheaters zugehörig. Zusammen mit ihrem Mann Ernst Lothar bestattet.
38. *Wellesz, Egon* (1885–1974). Komponist, Musikforscher. Schüler von Schönberg. Oper „Prinzessin Girnara" u. a.

Franz Werfel   Paula v. Preradović

39. *Werfel, Franz* (1890–1945). Dichter. Lebte seit 1938 in den USA. Sein Leichnam wurde 1975 aus Kalifornien rückgeführt.
40. *Swarowsky, Hans* (1899–1975). Dirigent, Lehrer an der Musikakademie. Übersetzer von Operntexten.
41. *Salmhofer, Franz* (1900- 1975). Komponist. Leiter der Staatsoper 1945–1955, Leiter der Volksoper 1956–1963. Opern „Iwan Tarassenko", „Das Werbekleid" u. a.
42. *Preradović, Paula v.* (1887–1951). Lyrikerin. Verfasserin der österr. Bundeshymne „Land der Berge".
43. *David, Johann Nepomuk* (1895–1977). Komponist. Bedeutender Polyphoniker.
45. *Konetzni, Hilde* (1905–1980). Opernsängerin. Ab 1936 Mitglied der Wr. Staatsoper.
46. *Lingen, Theo* (1903–1978). Schauspieler, Komiker. Darsteller in über 180 Filmen.
47. *Seidler, Alma* (1899–1977). Schauspielerin. Ehrenmitglied des Burgtheaters.
48. *Anday, Rosette* (1903–1977). Kammersängerin an der Staatsoper (1921–1963). Ehrenmitglied.
49. *Lehmann, Lotte* (1888–1976). Von 1914 bis 1938 eine der gefeiertsten Sängerinnen der Wiener Staatsoper.

Rosa Albach-Retty　　　　　　*Wolfgang Albach-Retty*

50. *Albach-Retty, Rosa* (1874–1980). Burgschauspielerin ab 1903.
    Albach-Retty, Wolfgang (1908–1967). Filmschauspieler. Vater
    von Romy Schneider.
51. *Adler, Guido* (1855–1941). Musikwissenschaftler. Begründete
    die „Wiener Schule" der Musikwissenschaft.

52. *Hörbiger, Paul* (1894–1981).
    Volks- und Filmschauspie-
    ler. Wirkte in rund 300 Fil-
    men mit.
54. *Jürgens, Curd* (1915–1982).
    Schauspieler. 1941–1953
    am Burgtheater. Spielte in
    über 160 Filmen.
55. *Csokor, Franz* (1885–1969).
    Schriftsteller. Präsident des
    PEN-Clubs.
57. *Apostel, Hans Erich* (1901
    bis 1972). Komponist.
    Schüler Schönbergs und
    Bergs. Schrieb u. a. Lieder, Chöre, Klaviermusik.

Paul Hörbiger

58. *Mell, Max* (1882–1971). Schriftsteller, Dramatiker. Erneuerte das volkstümliche Laienspiel.

58. B *Benya, Anton* (1912–2001). Gewerkschafter, Politiker. 1963 bis 1987 Präs. d. österr. Gewerkschaftsbundes, 1956–1986 Abgeordneter zum Nationalrat, 1971–1986 Nationalratspräsident. Zusammen mit Rudolf Sallinger wesentlicher Garant der Sozialpartnerschaft.

Weitere Ehrengräber siehe unter Gruppe 33 g, Seite 52 f.

EHRENHAIN KULTURSCHAFFENDER (GRUPPE 40)

1. *Pemmer, Hans* (1886–1972). Schuldirektor. Heimatkundler. Retter des St. Marxer Friedhofs.

14. *Braun-Prager, Käthe* (1888–1967). Lyrikerin, Erzählerin und Essayistin, Malerin, Schwester von Felix Braun.

25. *Fiedler, Josef* (1898–1970). Musiker. Schrieb rund 400 Wiener Lieder.

28. *Mardayn, Christi* (1896–1971). Schauspielerin, Operettensängerin.

30. *Zillner, Emmerich* (1900–1971). Komponist. Schrieb das Lied „Es steht ein alter Nußbaum …".

33. *Podhajsky, Alois* (1898–1973). Leiter der Spanischen Hofreitschule 1938–1964.

39. *Paulik, Anton* (1901–1975). Dirigent an der Staats- und Volksoper.

46. *Jerger, Alfred* (1889–1976). Opernsänger, wirkte über 30 Jahre an der Staatsoper.

48. *Marik, Rudolf* (1900–1976). Direktor des Raimundtheaters 1948–1976.

50. *Hermann, Julius* (1889–1977). Kapellmeister der „Original Hoch- und Deutschmeister-Kapelle".

54. *Schöffler, Paul* (1897–1977). Opernsänger, 25 Jahre Mitglied der Staatsoper.

55. *Waldbrunn, Ernst* (1907–1977). Schauspieler, Komiker. Bekannt durch seine Doppelconférencen mit Karl Farkas.

56. *Pichler, Gusti* (1893–1978). Ballettänzerin der Staatsoper.

57. *Rudolf, Leopold* (1911–1978). Schauspieler.

63 *Kraus, Wolfgang Prof.* (1924–1998). Kulturpublizist, Literat.

Berühmte Gräber in Wien

Hans Hölzel (Falco)   *Ernst Waldbrunn*

Gründete 1961 die österr. Gesellschaft für Literatur (Leiter bis 1994). 1975–1981 Leiter der kulturellen Kontaktstelle des Außenministeriums. 1979 A.-Wildgans-Preis.

64. *Hölzel, Hans* (1957–1998). Bekannt unter dem Künstlernamen „Falco". Popmusiker. Mitglied der „Hallucination Company". Bekannteste Songs „Der Kommissar", „Rock me Amadeus". Erhielt 1986 den „Bambi". Starb an den Folgen eines Verkehrsunfalls in der Dominikanischen Republik.

96. *Kont, Paul Prof.* (1920–2001). Komponist, Dirigent, Pianist. Schrieb Film- und Bühnenmusiken, Lieder, Orchester und Klavierwerke, sowie die Opern „Lysistrata" und „Traumleben".

97. *Schedl, Gerhard* (1957–2000). Komponist. Vertreter der „Jungen Wilden".1981 Dozent am Hochschen Kons. in Frankfurt. 1982–1985 Lektor an der Uni. Mainz. Schrieb Sinfonien, Konzerte und Opern: „Der Schweinehirt", „Kontrabaß", „Glaube, Liebe, Hoffnung". Schied freiwillig aus dem Leben.

100. *Reyer, Walther* (1922–2000). Kammerschauspieler. 1947 Debüt in Bregenz. Engagements in Innsbruck, Graz, Theater in der Josefstadt. 1955–1988 Ensemblemitglied des Burgtheaters. Zahlreiche Auftritte in Film, TV und bei Festspielen. 1973 Grillparzer-Ring.

Ferry Dusika   *Peter Wehle*

119. *Dusika, Ferry* (1908–1984). Radrennfahrer, Sportpromotor.
120. *Hagen, Ernst* (1906–1984). Schauspieler. Schöpfer der Fernsehsendung „Seniorenclub".
124. *Lang, Lotte* (1900–1985). Volksschauspielerin, das erste Ehrenmitglied des Theaters in der Josefstadt.
127. *Aubry, Blanche* (1921–1986). Kammerschauspielerin, Mitglied des Wiener Burgtheaters.
128. *Wehle, Peter DDr.* (1914–1986). Kabarettist, Schriftsteller. „Reden Sie Wienerisch?", „Singen Sie Wienerisch?".
132. *Améry, Jean* (1912–1978). Eigentl. Johannes A. Mayer. Schriftsteller und Publizist.
135. *Merz, Carl* (1906–1979). Eigentl. Carl Czell. Schauspieler, Kabarettist. Mitautor des „Herrn Karl".
136. *Ocwirk, Ernst* (1926–1980). Beliebter Fußballer.
137. *Lorenz, Max* (1901–1975). Berühmter Wagner-Tenor. Lange Jahre Mitglied der Staatsoper.
138. *Löwinger, Lisl* (1919–1980). Volksschauspielerin.
141. *Friedrich, Karl* (1915–1981). Opernsänger. Mitglied der Staatsoper.

146. *George, Fatty* (1927 bis 1982). Eigentl. Franz Presler. Bandleader, bekannter Klarinettist.

149. *Jacobsson, Ulla* (1929 bis 1982). Filmschauspielerin.

152. *Stoitzner, Josef* (1911–1982). Akadem. Maler.

157. *Schollum, Robert Prof.* (1913–1987). Komponist, Dirigent, Prof. an der MHSch. Wien. Präs. d. Österr. Komponistenbundes.

161. *Sebestyen, György Prof.* (1930–1990). Schriftsteller. Präs. d. PEN-Clubs 1988–1990.

Fatty George

162. *Hoffmann Paul* (1902–1990). Burgschauspieler, Direktor des Burgtheaters 1970–1972.

166. *Mayr, Hans Prof. Dr. h. c.* (1926–1993). Präsident der Gesellschaft der bildenden Künste 1975–1993. Mitbegründer des Museums der modernen Kunst und der Stiftung Ludwig.

169. *Gabor, Hans Prof.* (1924–1994). Operndirektor. Gründete 1953 in Wien die Kammeroper als Forum für junge Sänger und schuf den Belvedere-Gesangswettbewerb. Bekannt für seine Mozart-Inszenierungen.

170. *Rubin, Marcel Prof. Dr.* (1905–1995). Komponist, Musikkritiker. Schrieb Sinfonien, Kammermusik, musikdramatische Werke. Oper „Kleider machen Leute". Lebte von 1938 bis 1947 in den USA, dann als freischaffender Komponist in Wien.

172. *Dönch, Carl Hofrat* (1915–1994). Kammersänger (Baßbariton) und Direktor. Ab 1947 an der Wr. Volksoper. Leitete 1973–1987 die Volksoper mit großem Erfolg.

173. *Chladek, Rosa Prof.* (1905–1995). Tänzerin, Tanzpädagogin, Choreografin. Entwickelte eine eigene Schule für Bewegung und Tanz. Ab 1952 Leiterin der Tanzklasse an der Akademie für Musik und darstellende Kunst in Wien.

Erich Kunz   *Ljuba Welitsch*

174. *Kunz, Erich* (1909–1995). Kammersänger (Bariton). Ab 1940
Mitglied der Wiener Staatsoper. Viele Auslandsauftritte. Bekannter Mozart-Interpret.
175. *Hoflehner, Rudolf Prof.* (1916–1995). Bildhauer, Grafiker. Studierte 1951–1954 an der Akademie d. bildenden Künste in
Wien bei F. Wotruba. Ab 1962 Prof. an d. Akademie in Stutt-
gart. Schuf Eisen- und Stahlplastiken. Österr. Staatspreis
1969.
176. *Welitsch, Ljuba* (1913–1996). Kammersängerin (Sopran).
1937–1940 am Stadttheater Graz, 1946–1962 an der Wiener
Staatsoper. Berühmt für ihre Interpretation der „Salome" in
Strauss' gleichnamiger Oper.

Bundespräsidentengruft
Luegerkirche (Präsidentengräber)
Die Gruft für die Bundespräsidenten der Zweiten Republik liegt
vor der Dr.-Karl-Lueger-Gedächtniskirche.
Renner, Karl Dr. (1870–1950). 1918 Staatskanzler, 1918 bis 1923
Präsident des Nationalrates, 1945 bis 1950 Bundespräsident.
Körner, Theodor Dr. (1873–1957). Generalstabschef der Isonzoar-

mee (1917/18), 1945–1951 Bürgermeister von Wien, 1951–1957 Bundespräsident.

Schärf, Adolf Dr. (1890–1965). Jurist. 1945–1957 Vizekanzler, 1957–1965 Bundespräsident.

Jonas, Franz (1899–1974). 1951–1965 Bürgermeister und Landeshauptmann von Wien, 1965–1974 Bundespräsident.

Kirchschläger, Rudolf Dr. (1915–2000). 1967–1970 Gesandter in Prag, 1970–1974 Außenminister, 1974–1986 Bundespräsident.

Die Dr.-Karl-Lueger-Gedächtniskirche

Dieses Gotteshaus ist eines der bedeutendsten Bauwerke des Jugendstils. Es wurde in den Jahren 1909–1911 nach Plänen des Architekten Max Hegele erbaut und am 11. 6. 1911 durch Erzbischof Franz Nagl konsekriert.

Die verbaute Grundfläche der Kirche mit den drei Freitreppen hat ein Ausmaß von 2231 m², ihre größte Breite beträgt 42,5 m bei einer Länge von 57 m. Das die Kuppel bekrönende Kreuz liegt 58,5 m über dem Boden. Die 36,5 m hohen Uhr- und Glockentürme befinden sich an der Rückseite der Kirche, um die Wirkung der gewaltigen Kuppel von der Hauptachse her nicht zu beeinträchtigen. Die Eingänge der beiden Ecktürme an der Vorderfassade führen in die Unterkirche zur Begräbnisstätte Dr. Luegers.

Über eine 11 m breite, 22stufige Freitreppe gelangt man durch den von 10 m hohen Säulen getragenen Portikus in die Vorhalle der Kirche und von dort unter der Orgelempore hindurch in den zentralen Kuppelraum mit einem Durchmesser von 22,7 m und einer Höhe von 39 m. Der Kirchenraum kann bis zu 1600 Besucher aufnehmen. Die Glasfenster gestaltete Kolo Moser. In der Darstellung des „Jüngsten Gerichts" über dem Hochaltar ist ganz links im weißen Hemd Dr. Lueger abgebildet.

Durch Öffnungen in den Vierungspfeilern gelangt man in die zwischen den Kreuzschiffen angeordneten Umgänge, die der Aufnahme von Epitaphen dienen. Im linken Umgang findet sich ein Gedenkrelief für Kaiserin Elisabeth, im rechten eine Pietà von Oskar Thiede.

EHRENGRUFT UNTERHALB DER KIRCHE

Lueger, Karl Dr. (1844–1910). Rechtsanwalt. Politischer Führer der „Vereinigten Christen" (Christlichsoziale Partei). Bedeutender Stadterneuerer, Bürgermeister von Wien 1897 bis 1910.

GRUFT UNTERHALB DER KIRCHE

Heinl, Eduard (1880–1957). Handelsminister. Präsident der Liga der Vereinten Nationen.

WEITERE GRÄBER, IN NUMERISCHER FOLGE NACH GRUPPEN

Gruppe 0 (rechts vom Haupttor, Tor 2)

Jakob Zelzer

R 0/1   *Zelzer, Jakob* (1802–1874). Bürger von Wien. Das erst-belegte Grab des Zentralfriedhofs.

R 0/112 *Baillet-Latour, Theodor Graf* (1780–1848). Kriegsminister. Im Oktober 1848 von der Volksmenge Am Hof aufgehängt.

Gruppe 1

R 8/26   *Stoitzner, Konstantin* (1863–1933). Maler.

Gruppe 4

R 35/2   *Andergast-Häussler, Maria* (1912–1995). Schauspielerin, Tänzerin. Trat seit 1934 in ca. 50 Filmen auf. Ab 1945 am Theater in der Josefstadt engagiert.

Gruppe 5 a

R 1/33 *Kraus, Karl* (1874–1936). Schriftsteller, Herausgeber der „Fackel". Drama „Die letzten Tage der Menschheit".

R 4/80 *Dingelstedt, Franz Dr.* (1814–1881). Direktor des Burgtheaters 1867–1870 und der Hofoper 1870 bis 1881.

Gruppe 10

R 1/15 *Kundmann, Karl* (1838–1919). Bildhauer. Schöpfer des Schubert-, Tegetthoff- und Grillparzer-Denkmals.

Gruppe 11

R 2/49 *Kriehuber, Josef* (1801–1876). Porträtmaler. Schuf über 3000 Lithographien von Zeitgenossen.

Gruppe 12

Alte Anatomiegräber. Dem Gedenken jener Männer und Frauen gewidmet, die ihren Körper der medizinischen Fakultät der Universität Wien zu Lehrzwecken zur Verfügung stellten.

Gruppe 12 a

R 7/15 *Bayros, Franz de* (1866–1924). Maler und Buchillustrator.

Gruppe 12 b

R 3/11 *Sindelar, Matthias* (1903–1939). Fußballer, Mitglied des „Wunderteams".

R 15/11 *Habrda, Johann Frh. v.* (1846–1916). Polizeipräsident von Wien. Half bei den Ermittlungen im Fall Mayerling.

Gruppe 12 c

R 3/36 *Dirtl, Leopold* (1889–1948). Rennfahrer.
Dirtl, Fritz (1928–1956). Rennfahrer. Bei einem Sandbahnrennen tödlich verunglückt.

R 3/27 *Schneeweiß, Martin* (1907–1947). Sandbahn-Europameister. Bei einem Rennen verunglückt.

Gruppe 12 d

R 1/23 *Odilon, Helene* (1865–1939). Schauspielerin, erste Gattin von Alexander Girardi.

Gruppe 12 e

R 2/22 *Mannsbarth, Franz* (1877–1950). Wegbereiter der Luft-
fahrt. Absolvierte 211 Freiballonflüge.

Gruppe 13 a
Hauptweg,
Gr. 5 *Koerber, Ernest* (1850–1919). Ministerpräsident 1900 bis
1904, 1916.
R 2/15 *Kundrat, Hans* (1845–1893). Professor für Pathologie.
Obduzierte Kronprinz Rudolf.

Gruppe 13 b
R 1/24 *Nagl-Wolfsecker, Maly* (1893–1977). Bekannte Interpretin
des Wiener Liedes.
R 4/12 *Wolfsecker, Franz* (1869–1952). Genannt „Wolferl". Tam-
bour der Hoch- und Deutschmeister-Kapelle.
R 12/26 *Scherpe, Hans* (1855–1929). Bildhauer. Schuf das Anzen-
gruber-, Coch-, v.-Alt- und Tizian-Denkmal.
R 13/5 *Petrucci, Mario* (1893–1972). Bildhauer. Schuf das Heim-
kehrer-Denkmal auf dem Leopoldsberg.

Gruppe 15 c

Hermann Leopoldi

R 2/18 *Leopoldi, Hermann* (1888–1959). Eigentl. Hersch Kohn.
Pianist, Alleinunterhalter, Interpret von Wiener Liedern.

Gruppe 15 g
1   *Holaubek, Josef* (1907–1999). Polizeipräsident. 1945 Wr.
     Branddirektor. 1947 zum Polizeipräs. von Wien ernannt.
     Im Amt bis 1972.

Gruppe 15 h
R 1/14   *Blaas, Julius* (1845–1922). Berühmter Tiermaler.
R 2/17   *Assmayer, Ignaz* (1790–1862). Komponist, Hofkapellmei-
         ster.
R 2/27   *Millenkovich, Max v.* (1866–1945). Pseud. Max Morold.
         Direktor des Burgtheaters 1917/18. Schriftsteller.

Gruppe 16 a
R 7/23   *Köchel, Ludwig v.* (1800–1877). Musikgelehrter. Erstellte
         das nach ihm benannte Verzeichnis der Werke Mozarts.

Gruppe 16 h
Eckgruft
Engelhart, Josef (1864–1941). Maler und Bildhauer. Schöpfer des
Waldmüller-Denkmals.

Gruppe 17 b
1   *Krafft, Johann Peter* (1780–1856). Historien- und Porträtmaler.
    Schüler von A. Tischbein und F. Füger in Wien. 1823–1828 Prof.
    an der Wr. Akademie, ab 1828 Direktor der k. k. Gemäldegale-
    rie im Belvedere.

Gruppe 17 c
R 1/10   *Fey, Emil* (1886–1938). Major, Heimwehrführer, Vize-
         kanzler 1933/34, Innenminister 1934/35.

Gruppe 18
R 1/19   *Hanslick, Eduard Dr.* (1825–1904). Musikkritiker, Schrift-
         steller. Trat als Gegner Wagners auf.
R 2/66   *Alt, Jakob* (1789–1872). Altwiener Maler, Vater Rudolf
         Alts.

Gruppe 21
R 1/4   *Hofer, Johann* (1788–1855). Sohn von Andreas Hofer.

R 1/26   *Wisinger-Florian, Olga* (1844–1926). Landschafts- und Blumenmalerin. Ursprünglich Pianistin. Schülerin von A. Schaefer und E. J. Schindler. Bedeutende Vertreterin des „österr. Stimmungsimpressionismus". Mitglied der Gruppe „Acht Künstlerinnen".

Gruppe 22 a
Grab 1–9   Opfer der Luftschiffkatastrophe in Fischamend vom 20. 6. 1914 (9 Personen).

Gruppe 23 f
R 2/57   *Hofrichter, Adolf* (1880–1945). Offizier. Wurde in einem weit publizierten Prozeß schuldig gesprochen, Offizierskollegen vergiftet zu haben. Nach dem Fall der Monarchie begnadigt.

Gruppe 24

Viktor Adler

Eckgruft   *Adler, Viktor* (1852–1918). Mitbegründer der Ersten Republik, Führer der Sozialdemokraten.
Adler, Friedrich (1879–1960). Sohn des vorigen. Erschoß 1916 Ministerpräsident Stürgkh.
Bauer, Otto (1881–1938, Paris). Nationalrat.

Seitz, Karl (1869–1950). Lehrer, Politiker. Bürgermeister von Wien 1923–1934.

Gruppe 25

Mohammedanische Abteilung des Friedhofs.
Denkmal für die im Krieg 1866 gefallenen sächsischen Soldaten und Offiziere.

Gruppe 26

Gedenkstätte für 23 Opfer der Revolution vom 13. März 1848, vom Schmelzer Friedhof 1888 überführt. Obelisk aus Granit.
Neue Anatomie-Gräber der Universität Wien.

Gruppe 28

R 42 1–65   Gemeinschaftsgräber von 62 Opfern der Kämpfe vom 12. 2. 1934.

Gruppe 30 a

R 1 1–3   Mahnmal für die 386 Opfer des Ringtheaterbrandes am 8. 12. 1881.

R 9/6   *Jantsch, Heinrich* (1845–1899). Schauspieler, Besitzer des ehem. Jantschtheaters im Prater.

Gruppe 30 c

R 6/10   *Calafati, Bassilio* (1800–1878). Besitzer des Prater-Karussells mit dem „Riesenchineser".

R 15/15   *Kratzl, Karl* (1852–1904). Kapellmeister. Komponierte „Das Glück is a Vogerl".

R 16/15   *Papier-Paumgartner, Rosa* (1856–1932). Leere Grabstelle. Der Leichnam wurde nach Krems überführt.

R 16/22   *Montag (Plechacek) Luise* (1849–1927). Bekannte Wiener Volkssängerin.

Gruppe 30 d

R 2/24   *Föderl, Karl* (1885–1953). Wiener Liederkomponist. Vertonte über 800 Lieder.

R 10/13   *Fürst, Johann* (1825–1882). Volksdichter, Direktor des Fürst-, später Lustspieltheaters im Prater.

R 11/14   *Hacke, Albert* (1869–1952). Komponist und Texter. Schrieb das Lied „Drunt in Erdberg is a Gasserl".

Gruppe 30 e

R 3/8   *Tautenhayn, Ernst* (1873–1944). Schauspieler, Operettensänger, Komiker.

Gruppe 31 a

R 1/11   *Danhauser, Josef* (1805–1845). Altwiener Maler.

Emmerich Kálmán

R 12/10   *Kálmán, Emmerich* (1882–1953). Komponist. Schrieb die Operetten „Csárdásfürstin", „Gräfin Mariza" u. a.

R 12/15   *Jurek, Wilhelm* (1870–1934). Komponist. Schrieb den „Deutschmeister-Regimentsmarsch" und das Lied „Geh' mach dei Fensterl auf".

R 13/8   *Brumowski, Godwin v.* (1889–1936). Hauptmann, Jagdflieger im 1. Weltkrieg. Sieger in 40 Luftkämpfen. Als Fluglehrer in Schiphol/Amsterdam abgestürzt.

R 13/9   *Loewe, Ferdinand* (1863–1925). Konzertdirigent.

Gruftreihe *Lehmann, Adolf* (1828–1904). Herausgeber des Adreßbuchs „Der Lehmann".

Gruppe 32 b

Eckgruft *Baumann, Ludwig* (1853–1936). Erbauer der Neuen Hofburg und des Kriegsministeriums.

Gruppe 33 a

R 1/14   *Ganglberger, Johann* (1876–1938). Musikdirektor. Komponierte das Salonstück „Der Teddybär".

Annie Rosar

R 1/26   *Rosar, Annie* (1888–1963). Beliebte Volksschauspielerin, u. a. am Burgtheater, Volkstheater und an der Volksoper.

R 1/33   *Imhoff, Fritz* (1891–1961). Eigtl. Friedrich Jeschke. Film- und Operettenschauspieler, Komiker.

R 5/17   *Maikl, Georg* (1876–1951). Kammersänger. Mitglied der Staatsoper 1904–1944.

R 5/19   *Zeska, Carl* (1862–1938). Burgschauspieler.

Gruppe 33 e

R 3/5   *Fuchs, Robert* (1847–1927). Komponist. Schrieb u. a. die Oper „Die Königsbraut" sowie Sinfonien, Chöre.

R 9/15–16 *Girardi, Alexander* (1850–1918). Berühmter Schauspieler und Komiker. Glanzrollen: Valentin im „Verschwender" und Zsupan im „Zigeunerbaron".

R 17/22   *Günther, Mizzi* (1879–1961). Operettensängerin. Sang in der Uraufführung der „Lustigen Witwe".

Ernst Krenek

Gruppe 33 g

1 *Krenek, Ernst* (1900–1991). Komponist. Schüler von F. Schreker. Mitglied des Kreises um A. Schönberg. Lebte ab 1938 in den USA. Schrieb u. a. die Opern „Johnny spielt auf", „Karl V.", „Die Zwingburg".

2 *Wiener, Hugo Prof.* (1904–1993). Komponist, Schriftsteller. Schrieb mehr als 400 Lieder, Chansons, Satiren und Stücke für die „Simpl"-Revuen.

3 *Ringel, Erwin Prof. Dr.* (1921–1994). Psychiater. Facharzt für Psychiatrie und Neurologie. Selbstmordforscher und Psychosomatiker. Gründete 1978 die Österr. Ges. f. klinisch-psychosomat. Medizin.

4 *Hausner, Rudolf Univ.-Prof.* (1914–1995). Maler, Grafiker. Studierte 1931–1936 in Wien bei K. Fahringer und K. Sterrer. Mitbegründer der „Schule des phantastischen Realismus". Ab 1966 Prof. in Hamburg, ab 1968 in Wien. Staatspreis 1970.

5 *Eisler, Georg* (1928–1998). Sohn von Hanns Eisler. Studierte bei Kokoschka in England, 1946–1948 a. d. Akademie in Wien. Bekannt für seine realistisch-expressive Malweise.

27 *Rysanek-Gausmann, Leonie* (1926–1998). Kammersängerin (Sopran). 1955–1991 an der Staatsoper Wien, 1959–1973 an der Metropolitan Opera in New York engagiert.

Rudolf Hausner   *Leonie Rysanek*

28 *Schütte-Lhotzky, Margarete Prof.* (1897–2000). Architektin.
Entwickelte 1926–1928 die „Frankfurter Küche". 1938 in Istan-
bul tätig, 1946 in Sofia, ab 1947 in Wien. Engagierte sich für
Frauen und Frieden.
30 *Weiler, Max Prof.* (1910–2001). Bildender Künstler, Grafiker.
1964–1980 Akademieprofessor in Wien. Ab 1967 im österr.
Kunstsenat. Schuf Tafelbilder, Aquarelle, Fresken sowie Mo-
saike und Glasbilder. Er-
hielt 1961 den Österr.
Staatspreis.
31 *Konradi, Inge* (1924–2002).
Kammerschauspielerin. Ab
1951 Mitglied des Burg-
theaters (1992 Ehren-
mitgl.). Seit 1988 Lehrerin
am Reinhardt-Seminar.
1986 Nestroy-Ring.
68 *Böhm, Max* (1916–1982).
Schauspieler, Komiker.
Böhm, Christa (1954–1979,
verunglückt). Tochter von
Max Böhm. Schauspielerin.

Max Böhm

Alexander v. Zemlinsky   *Helmut Qualtinger*

69 *Heer, Friedrich* (1916–1983). Schriftsteller, Historiker.

71 *Zemlinsky, Alexander v.* (1871–1942). Österr. Komponist, „Eine florentinische Tragödie", „Kleider machen Leute", „Der Kreidekreis", gest. in den USA in der Emigration. 1985 wurde die Urne vom Ferncliff Cemetery, Hartsdale, New York, auf den Zentralfriedhof (Ehrengrab) überführt.

72 *Neff, Dorothea* (1903–1986). Schauspielerin, Ehrenmitglied des Wiener Volkstheaters.

73 *Qualtinger, Helmut* (1928–1986). Kabarettist, Schriftsteller. Schrieb mit Carl Merz die Satire „Der Herr Karl".

74 *Hochwälder, Fritz* (1911–1986). Dramatiker („Das heilige Experiment", „Der öffentliche Ankläger"). Lebte ab 1938 in der Schweiz.

76 *Hacker, Friedrich* (1914–1989). Psychiater. Ab 1968 Präsident der Sigmund-Freud-Gesellschaft.

77 *Adlmüller, Alfred* (1909–1989). International bekannter Modeschöpfer.

78 *Boskovsky, Willi Prof.* (1909–1991). Geiger, von 1939 bis 1971 Konzertmeister der Wr. Philharmoniker, Dirigent der Neujahrskonzerte 1954–1979.

Willi Boskovski   *Hans Weigel*

79 *Weigel, Hans* (1908–1991). Schriftsteller, Literaturkritiker.

Gruppe 33 h
R 8/8   *Demuth Leopold* (1861–1910). Hofopernsänger (Bariton).
Ab 1898 an der Wr. Hofoper. Schüler von J. Gänsbacher.
Sang auch an dt. Theatern und in Bayreuth.

Gruppe 34 e
R 1 A   *Seydl, Ernst Dr.* (1872–1952). Weihbischof. Letzter kaiserlicher Hofkaplan.

Gruppe 34 f
R 4/20   Grabstelle, wo zuerst die Beisetzung Dr. Karl Luegers
stattfand, bevor er in die Kirche überführt wurde.

Gruppe 35 b
R 14/40 *Földesi, Karoline, „Turfkaroline"* (1854–1935). Einstmals
eine bekannte Wiener Schönheit.

Gruppe 35 d
R 1/28   *Adams, John Quincy* (1873–1933). Porträtmaler.

Gruppe 35 g

R 1   *Schmitz, Richard* (1885–1954). Bundesminister 1922 bis 1934, Bürgermeister von Wien 1934.

Gruppe 35 h
Gruftreihe
Wagner, Josef (1855–1908). Komponist und Militärkapellmeister. Schrieb den Marsch „Unter dem Doppeladler".

Gruppe 37

R 4/121   *Pecha, Albine* (1877–1898). Opfer der Laboratoriumspest.

R4/122   *Müller, Hermann Dr.* (1866–1898). Arzt. Starb ebenfalls durch Infektion mit Pestbazillen.

Gruppe 40

R1/27   *Klein, Peter Prof.* (1907–1992). Kammersänger (Tenor). Ab 1942 an der Wr. Staatsoper, ab 1956 Professor am Wr. Konservatorium. Sang auch bei den Salzburger Festspielen.

R 3/98   *Mögele, Franz* (1834–1907). Komponist. Schrieb Parodieopern, „Friedrich der Heizbare" u. a.

Gedenkstein für die 400 Opfer des Bombenkrieges.

Gruppe 41
Denkmal für die Opfer für ein freies Österreich.

Gruppe 41 a

R 1/13   *Bösendorfer, Ignaz* (1796–1859). Begründer der weltbekannten Klavierfabrik.

Gruppe 41 f

R 1/11   *Schuch, Carl* (1846–1903). Landschafts- und Stillebenmaler. Studierte a. d. Wr. Akademie und bei L. Halauska. 1876–1882 in Venedig, 1882–1894 in Paris. Ab dann wieder in Wien. Starb in geistiger Umnachtung.

Gruppe 41 g
Mahnmal für Opfer der Demonstration vom 15. 7. 1927 (86 Tote).

Gruppe 42 a
R 3/2   *Czibulka, Alfons* (1842–1894). Komponist und Militärkapellmeister. Schrieb Märsche, Operetten u. a.

Gruppe 42 g
Gruft   *Thury von Thurybrugg.* Bemerkenswertes Grabdenkmal:
Lebensgroßer kniender Ritter von Bildhauer Wollek.

Gruppe 43 c
R 1/21   *Berndl, Florian* (1856–1934). Erschließer des Gänsehäu-
fels.

Gruppe 43 e
R 1/28   *Ronacher, Anton* (1841–1892). Ließ anstelle des abge-
brannten Stadttheaters von Fellner und Helmer das Ronacher Varieté-Theater erbauen.

Rosa Mayreder

R 133–35 *Mayreder, Rosa* (1858–1938). Schriftstellerin.

Gruppe 44 b
Gräber russischer Soldaten, die bei der Besetzung Wiens gefallen
sind.

Gruppe 46 e

R 16/3 *Pechan, Adalbert* (1906–1960). Verleger. Gründer der Perlen-Reihe.

Gruppe 47 a

R 1/6 *Beck, Friedrich Graf* (1830–1920). Generaloberst. Jugendfreund Franz Josephs.

Gruppe 47 b

Gruft *Zeller, Karl* (1842–1898). Komponist. Schrieb die Operetten „Der Vogelhändler", „Der Obersteiger" u. a.

R 11/7 *Ketterl, Eugen* (1859–1928). Letzter Leibkammerdiener Kaiser Franz Josephs.

Gruppe 47 c

R 17/3 *Holey, Karl Prof.* (1879–1955). Dombaumeister.

Gruppe 47 f

R 14/6 *Gillesberger, Hans Dr.* (1909–1986). Dirigent, seit 1946 Professor an der Akademie in Wien, Chordirigent der Wiener Sängerknaben.

R 12/7 *Grädener, Hermann* (1844–1929). Komponist. Schrieb u. a. die Oper „Die Heilige Zita".

Gruppe 56 b

Gruft *Waldhäusel, Robert* (1861–1935). Klavierfabrikant.

R 9/20 *Guschelbauer, Edmund* (1839–1912). Volkssänger, bekannt durch das Lied „Weil i a alter Drahrer bin".

Gruppe 58

R 1/1–13 13 Opfer des Lawinenunglücks am Sonnblick (21. 3. 1928).

Gruppe 59 a

R 6/16 *Berté, Heinrich* (1857–1924). Komponist. Bekannt durch seine Schubert-Bearbeitung „Dreimäderlhaus".

Gruppe 59 c
Gruft 26
Jellinek, Mercedes (1889–1929).
Namensgeberin der Auto-
marke „Mercedes". Sie war
die Tochter von Emil Jellinek-
Mercedes (begr. in Nizza), welcher für die neue Automarke
den Vornamen seiner Tochter
vorschlug. Leider sind die ein-
gravierten Daten auf dem
Grabstein falsch. (Nach einer
anderen Tochter Jellineks, die
den Vornamen „Maja" trug,
war ebenfalls eine Automarke
benannt, die „Majaautomo-
bile" wurden jedoch nie so berühmt wie die nach der Schwester benannten.)

Mercedes Jellinek

Gruppe 70
Gruftreihe *Nehr, Alexander* (1855–1928). Kunstschlosser. Schuf
den Wiener Rathausmann.

Gruppe 71 c
R 15/15   *Griebl, Mizzi* (1872–1952). Operettensängerin.

Gruppe 71 d
Gruftreihe *Fronz, Oskar* (1861–1925). Direktor des Bürgertheaters.
Gruftreihe *Hoffmann, Johann* (1802–1865). Direktor des Theaters
in der Josefstadt und des Thaliatheaters.

Gruppe 71 e
Begräbnisstätte der Opfer der Volkserhebung vom Februar 1934.

Gruppe 72 a
Gruft 32 *Teschner, Richard* (1879–1948). Bildhauer, Maler, Grafi-
ker. Ab 1906 Mitarbeiter der Wiener Werkstätte. Schuf
Stabpuppen mit Kostümen und dazugehörige Dekoratio-

nen für sein Puppentheater, das er von 1912 bis 1948 betrieb.

Gruppe 73
R 10/84 *Mailly, Anton de Chaurand* (1874–1950). Heimat- und Kronprinz-Rudolf-Forscher (Grabstein ohne Name).

Gruppe 74
R 3/22 *Mader, Richard* (1878–1909). Hauptmann. Starb durch vergiftete Pillen (Hofrichter-Prozeß).

R 10/29 *Füssl, Karl Heinz* (1924–1992). Komponist, Pädagoge. Mitarbeiter der Neuen Mozart-Ausgabe und der Mahler-Gesamtausgabe. Schrieb zahlreiche Orchester- und Klavierwerke sowie die Opern „Der Dybuk", „Kain" u. a.

Gruppe 76 a
R 3/44 *Sioly, Johann* (1847–1911). Altwiener Lieder-Komponist.

Gruppe 79
R 27/38 *Redl, Alfred* (1864–1913). Spion fremder Mächte, Verräter. Starb durch Selbstmord. Kein Grabstein. Grab neu belegt.

R 41/22 *Dostal, Hermann* (1874–1930). Komponist, Kapellmeister. Schrieb den „Fliedermarsch".

Gruppe 84
R 28/21 *Beethoven, Marie van* (1846–1917). Großnichte des Komponisten Ludwig v. Beethoven.

Gruppe 89
R 18/51 *Paryla, Karl Prof.* (1905–1996) Schauspieler, Regisseur. 1933–1938 am Theater in der Josefstadt, dann bis 1945 in Zürich. 1956–1961 am Deutschen Theater in Berlin (DDR). Film- und Fernsehengagements.

Gruppe 91
Kriegsgräberstätte (ca. 15.000 Opfer) des Ersten Weltkriegs. Monument von Anton Hanak.

Gruppe 97
Gräber von Opfern des Zweiten Weltkriegs.

ARKADENGRÜFTE

Wertheim, Franz v. (1814–1883). Industrieller. Erfinder der feuer-
festen Kassen.

Zang, August (1807–1888). Gründer der Zeitung „Die Presse".

Alte Arkadengruft links

33 *Waechter, Eberhard* (1929–1992). Opernsänger (Bariton). Ab
1953 an der Volksoper, ab 1987 Direktor. Ab 1955 auch an der
Staatsoper, 1991/92 Mitdirektor (m. I. Holender).

VERSCHOLLENE GRABSTÄTTE

Raubal, Geli (Angela) (1908–1931). Hitlers Nichte, lebte mit ihm
zusammen in München; beging Selbstmord unter nie ganz geklär-
ten Umständen. Ursprünglich begraben in einer Gruft, wurde sie
1946 in ein Massengrab umgebettet – diese Gruppe wurde aufgelassen, die Grabstelle ist seither nicht mehr feststellbar.

EVANGELISCHER FRIEDHOF, TOR 3

1110, Simmeringer Hauptstraße 242

Gruppe 1
489   *Lewinsky, Josef* (1835–1907). Schauspieler. Über 40 Jahre am Burgtheater tätig.

Gruppe 2
541   *Hevesi, Ludwig* (1842–1910, Selbstmord). Kunstkritiker, Journalist. Ab 1875 Kulturberichterstatter für das „Wr. Fremden-Blatt". Chronist der Wr. Secession. Verfaßte 20 Taschenbücher mit Reisebildern.

Gruppe 3

Tina Blau

3–12   *Blau, Tina* (1845–1916). Malerin.

Gruppe 5
40/41   *Roller, Alfred* (1866–1935). Präsident der Wr. Secession (1901/02), Direktor der Wr. Kunstgewerbeschule (1909 bis 1934). Berühmter Bühnenbildner an der Hofoper, am Burgtheater, bei den Salzburger Festspielen und in Bayreuth. Lehrer am Reinhardt-Seminar.

Gruppe 8

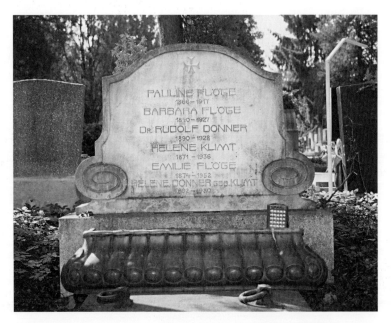

Emilie Flöge

Allee   *Flöge, Emilie* (1876–1952). Führte von 1901 bis 1938 den
        Modesalon „Schwestern Flöge" i. d. Mariahilfer Straße.
        Gustav Klimt u. Kolo Moser entwarfen Reformkleider für
        ihre Kollektion. Modell für Klimts Gemälde „Der Kuss".
51/52   *Schrödter, Fritz* (1855–1924). Kammersänger an der
        Staatsoper 1885–1915.

Gruppe 9
1–21   *Friedell, Egon* (1878–1938). Schauspieler, Schriftsteller.
        Beging Selbstmord, um sich der Verhaftung durch die
        Gestapo zu entziehen.

Gruppe 10
10-2   *Letitzki, Otto* (1887–1952). Unter dem Künstlernamen
        Scadelli als Bauchredner mit seiner Figur Maxi weithin
        bekannt geworden.

Urnennische
4   *Kerner v. Marilaun, Fritz Dr.* (1866–1944). Botaniker.
Schöpfer der alpinen Pflanzengeographie. Univ.-Professor (Innsbruck, Wien).
Gruft 101 (Gedenktafel) *Zsigmondy, Emil Dr.* (1861–1885). Alpinist. Zahlreiche Erstbegehungen in den Alpen. Abgestürzt a. d. Meije i. d. Dauphiné. Bruder des Nobelpreisträgers Richard Z.

Friedrich Torberg

Arthur Schnitzler

ISRAELITISCHER FRIEDHOF

Von dem ehemaligen Zeremoniengebäude des ersten Tores (welches inzwischen nach den schweren Beschädigungen abgerissen wurde) führt die sogenannte „Zeremonienallee" quer durch den israel. Friedhof. Sie ist besonders sehenswert, enthält sie doch eine Fülle von berühmten Israeliten aus Wirtschaft und Kunst, und man kann ermessen, in welch hochrangigen Positionen viele Persönlichkeiten, von denen fast keine Angehörigen mehr am Leben sind, gestanden sind. Von den vielen sei nur herausgegriffen – Hofrat Dr. Marcell Frydmann, Ritter von Prawy 1848–1906 (Gruppe 50, Reihe 1, Grab Nr. 66).

Die parallel verlaufende Reihe entlang der Friedhofumfassungsmauer des ersten Tores enthält ebenfalls eine Vielzahl berühmter Gräber: So findet man hier z. B. die 1918 verstorbene Königl. Württemb. Hofschauspielerin *Kathi Frank* sowie die Gruft der Freiherren von Rothschild (der Begründer des Bankhauses selbst, Mayer Amschel Rothschild, ist in Frankfurt am Main begraben).

Außer den beiden israel. Friedhöfen des Zentralfriedhofes (Tor 1 und 4) gibt es noch aufgelassene Begräbnisstätten in Wien 9, Seegasse (s. S. 73), in Wien 18, Währinger Park (s. S. 96), und in Wien 21, Ruthnergasse.

Israelitischer Friedhof, Tor 1
Gruppe 5 B
Fischhof, Adolph (1816–1893). Arzt, Politiker, Schriftsteller. 1848 Verfechter der Pressefreiheit.
Strnad, Oskar (1879–1935). Bühnenbildner.
Frankl, August L. (1810–1894). Arzt, Schriftsteller. Freund Lenaus. Gründer der Blindenanstalt Hohe Warte.

Gruppe 6
Torberg, Friedrich (1908–1979). Eigentl. Kantor-Berg. Schriftsteller. Kritiker. Autor von „Schüler Gerber" und „Tante Jolesch".
Schnitzler, Arthur (1862–1931). Arzt, Dichter. Schrieb Bühnenstücke, Novellen, Romane. „Liebelei", „Anatol".

Gruppe 8

R 60/105 *Pick, Gustav* (1832–1921). Komponierte das 1885 von Girardi erstmals gesungene „Fiakerlied".

Gruppe 20

R 1/20 *Brüll, Ignaz* (1846–1907). Pianist und Komponist. Opern „Das goldene Kreuz", „Der Landfriede" u. a.

Gruppe 50

R4/53 *Freud, Jacob* (1815–1896) und dessen Frau Amalia (1835–1930). Die Eltern Sigmund Freuds.

R 5/3 *Schwarz, David* (1850–1897). Erfinder des starren Luftschiffes. Vater der Sängerin Vera Schwarz.

R 59/60 *Paalen, Bella* (1881–1964). Altistin an der Wiener Oper, ab 1939 in New York lebend.

Gruppe 52 A

R 1 *Goldmark, Karl* (1830–1915). Musikpädagoge, Geiger, Komponist. Oper „Königin von Saba".

Israelitischer Friedhof, Tor 4
Gruppe 1

R 1/61
List, Emanuel (1890–1967). Eigentl. Emanuel Fleissig. Bedeutender Bassist und Wagner-Sänger. Sang in Wien, Berlin, Bayreuth, New York.

Gruppe 3
R 4/1
Fall, Leo (1873–1925). Komponist. Operetten „Der fidele Bauer", „Die Dollarprinzessin" u. a.

Leo Fall

Berühmte Gräber in Wien

R 4/3   *Elizza, Elise* (1868–1926). Bedeutende Sopranistin. Von 1895 bis 1919 Mitglied der Hofoper. Dann Gesanglehrerin.

R 4/12   *Meisl, Hugo* (1881–1937). Verbandskapitän des österr. Fußballverbandes, Gründer des „Wunderteams".

R 22/33 *Berg, Armin* (1884–1956). Eigentl. Hermann Weinberger. Bekannter Komiker.

Gruppe 9 A

R 2/6   *Weisse, Adolf* (1855–1933). Direktor des Deutschen Volkstheaters.

Friedrich Austerlitz   *Kurt Jeschko*

URNENHAIN DES WIENER KREMATORIUMS
1110, Simmeringer Hauptstraße 337

Artmann, Hans Carl Dr. h. c. (1921–2000). Literat, Übersetzer. 1952–1960 Mitglied der „Wiener Gruppe". Gilt als innovativer Dialektdichter. Erhielt 1974 den großen Österr. Staatspreis. (Abtlg. 1, Ring 1, Gruppe 2, Grab 3)

Austerlitz, Friedrich (1862–1931). Nationalrat, Chefredakteur der Arbeiter-Zeitung. (Nische 20 a. d. linken Umfassungsmauer)

Benda, Arthur (1885–1969). Mitarbeiter von Dora Kallmus im Fotoatelier „D'Ora". (Gruppe E 4, Grab 76)

Bettauer, Hugo (1863–1925, ermordet). Schriftsteller. (Linke Arkade innen, Nische 47)

Dirkens, Annie (1869–1942). Sopran. Gefeierte Operettendiva. (Abtlg. 1, Ring 3, Gruppe 6, Grab 169)

Domes, Franz (1863–1930). Politiker, Gewerkschafter. Nationalrat 1919–1930. (Nische a. d. linken Umfassungsmauer)

Jeschko, Kurt (1919–1973). Sportreporter. (Abtlg. 3, Ring 2, Gruppe 7, Grab 1)

Massary, Fritzi (1882–1969). Operettenstar. (Urne beigesetzt an der Seite ihres Mannes M. Pallenberg)

Pallenberg, Max (1877–1934 Flugzeugabsturz). Bekannter Schauspieler. (Nische a. d. linken Umfassungsmauer)

Piccaver, Alfred (1884–1958). Kammersänger, Ehrenmitglied der Staatsoper. (Linke Arkade innen, Nische 27)

Reumann, Jakob (1853–1935). Bürgermeister von Wien 1919 bis 1923. (Arkadenhof)

Schwarz, Vera (1888–1964). Opernsängerin. Tochter von David Schwarz. Oftmalige Partnerin Richard Taubers. (Mauernische 359)

Streitmann, Karl (1853–1937). Schauspieler, Operettentenor. (Abtlg. 6, Ring 3, Gruppe 3, Grab 47)

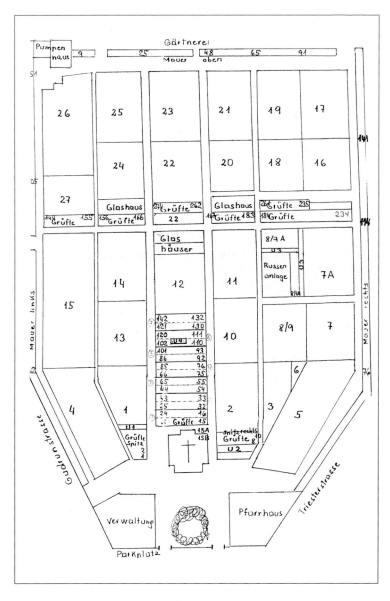

Evangelischer Friedhof Matzleinsdorf (S. 74)

FRIEDHÖFE UND AUFGELASSENE FRIEDHÖFE, NACH BEZIRKEN GEORDNET

EHEM. JÜDISCHER FRIEDHOF
1090, Seegasse
Straßenbahnlinie D, U4 Roßauerlände
In der Seegasse befand sich ein historisch besonders interessanter jüdischer Friedhof, der sich durchaus mit dem berühmten alten Friedhof in Prag messen konnte. Während des Dritten Reiches hat man einen Großteil der Grabsteine an anderer Stelle vergraben und sie so vor der Vernichtung bewahrt. Vor kurzer Zeit wurde der Friedhof in der Seegasse wieder restauriert, die erhaltenen Steine wieder aufgestellt, und eine Besichtigung ist möglich – Durchgang durch das neu erbaute Altenheim!

EHEMALIGER KATHOL. FRIEDHOF MATZLEINSDORF
1100, Landgutgasse, Waldmüllerpark
Straßenbahnlinien 18, 62, 65
Der Friedhof wurde 1785 eingeweiht und 1879 für Neubelegungen geschlossen. 1923 wurde er in einen Park umgewandelt und erhielt den Namen „Waldmüllerpark".

Der Denkmalhain weist heute noch eine Anzahl Grabsteine auf, die an Namen erinnern, welche einst Weltruf besaßen. Von den Persönlichkeiten, die hier bestattet und später nicht in Ehrengräber umgebettet wurden, seien erwähnt:

Gewey, Franz (1764–1819). Volksdichter, Herausgeber der Eipeldauer-Briefe.

Jacquin, Nikolaus Frh. v. (1727–1817). Berühmter Mediziner und Naturforscher. (Der Grabstein befindet sich im Botanischen Garten.)

Lannoy, Eduard Frh. v. (1787–1853). Komponist. Schrieb zahlreiche Opern, Melodramen und Konzerte.

Staudigl, Joseph (1807–1861). Sänger (Baß). Berühmt als Konzert- und Oratoriensänger. 1845–1848 am Theater a. d. Wien, 1848 bis 1854 an der Wiener Hofoper.

Vogl, Johann (1768–1840). Sänger (Bariton). Entdecker und Förderer Franz Schuberts.

Waldmüller, Ferdinand (1793–1865). Maler des Wiener Biedermeier.

Zauner, Franz (1746–1822). Bildhauer. Schuf das Reiterdenkmal Josephs II. in Wien.

Matzleinsdorfer evangelischer Friedhof

1100, Triester Straße 1

Straßenbahnlinien 6, 18, 62, 65, Autobus 14A, Schnellbahn

Bis zum Jahre 1783 befand sich der evangelische Friedhof für beide Gemeinden auf einem Teil des Mariazeller Gottesackers, an dessen Stelle sich heute das Allgemeine Krankenhaus erhebt. In jenem Jahr wurde dieser Friedhof, ebenso wie alle anderen innerhalb der Linie gelegenen, geschlossen, und die Evangelischen wurden bis 1856 gemeinsam mit den Katholiken begraben. Damals wurde der heute noch bestehende evangelische Friedhof vor der Matzleinsdorfer Linie angelegt, auf dem zahlreiche namhafte Persönlichkeiten ihre letzte Ruhestätte fanden.

Gruft 10 re.

Beust, Friedrich F. Graf (1809–1886). Sächs. Ministerpräsident 1858–1866, österr. Außenminister 1867–1871.

Binder, Karl (1816–1860). Komponist, Kapellmeister. Schrieb die Musik zu Nestroys „Tannhäuser"-Parodie. Grab aufgelassen.

Gruft 20

Bruck, Karl Frh. v. (1798–1860). Österr. Handels- und Finanzminister. Freitod wegen unberechtigter Diskriminierung.

Gruppe 19

159 *Canon, Hans v.* (1829–1885). Porträt- und Historienmaler.

93 *Fahrbach, Philipp* (1815–1885). Komponist, Hofballmusikdirektor. Freund Lanners.

Förster, Emil v. (1838–1909). Erbauer des Ringtheaters, des Dorotheums und der Bodencreditanstalt. Grab aufgelassen.

Gruft Mitte oben

034 *Gabillon, Ludwig* (1825–1896). Regisseur, Burgschauspieler ab 1853.

Gabillon, Zerline (1835–1892). Burgschauspielerin 1853 bis 1891. Frau des Vorigen.

Friedrich C. Hebbel   Heinrich Laube

Gruft 38   *Hebbel, C. Friedrich* (1813–1863). Dramatiker. Schrieb
            „Gyges und sein Ring", „Agnes Bernauer" u. a.
            Hebbel Christine, geb. Enghaus (1817–1910). Burg-
            schauspielerin.

Gruppe 18
12   *Karlweis, Oscar* (1894–1956). Schauspieler.
Gruft 186   *Laube, Heinrich* (1806–1884). Schriftsteller. Direktor
            des Burgtheaters 1849–1867.
154   *Lott, Julius* (1836–1883). Techniker. Erbauer der Arl-
            bergbahn.
Gruft 165   *Sandrock, Adele* (1864–1937). Schauspielerin am
            Volks- und Burgtheater.

Gruppe 1
168   *Saphir, Moritz* (1795–1858). Journalist und Schriftsteller.

Gruppe 24
84   *Schalk, Fritz* (1903–1980). Bedeutender Romanist an
            der Universität Köln.

Friedrich C. Hebbel

Adele Sandrock

Berühmte Gräber in Wien

Gruppe 17

227 *Stein, Lorenz v.* (1815–1890). Staatsrechtslehrer. Begründer der modernen Soziologie.

Gruppe Mitte links

134 *Weinberger, Charles* (1861–1939). Operettenkomponist. Schrieb u. a. „Adam und Eva", „Der Frechling".

FRIEDHOF ST. MARX

1030, Leberstraße 6–8

Straßenbahnlinie 71, Autobus 74A

Der Friedhof wurde 1784 errichtet und bis 1874 belegt. Er ist der einzige Wiener Friedhof der Biedermeierzeit, der nicht in eine Parkanlage umgewandelt worden ist, und steht unter Denkmalschutz. Die Verwaltung liegt in Händen des Stadtgartenamtes (MA 42).

Der Friedhof St. Marx ist ganzjährig täglich von 8 Uhr früh bis zum Einbruch der Dunkelheit geöffnet.

Da es auf dem Friedhof keine herkömmlichen Gruppenbezeichnungen gibt, wurde die ungefähre Lage der Gräber derjenigen Persönlichkeiten, die im Buch erwähnt werden, mit Nummern bezeichnet. Für genauere Auskünfte steht gerne die Friedhofsverwaltung zur Verfügung.

1. *Albrechtsberger, Johann* (1736–1809). Organist, Komponist. Lehrer Beethovens.

2. *Bach, Christoph de* (1768–1834). K. k. priv. Kunst- und Schulbereiter. Gründete den ersten Zirkus im Prater.
   Birkenstock, Johann v. (1738–1809). Staatsmann. Ratgeber Kaiser Josephs II. Grab verschollen.

3. *Cobenzl, Philipp Graf* (1741–1810). Chef der Staatskanzlei unter Franz I. Baute den „Kobenzl" aus.

4. *Czermak, Josef* (1799–1851). Professor der Physiologie und höheren Anatomie.

5. *Diabelli, Anton* (1781–1858). Komponist und Verleger von Schuberts Werken.
   Donner, G. Raphael (1693–1741). Bildhauer. Schuf den Brunnen auf dem Neuen Markt in Wien. Grab verschollen.

6. *Drasche.* Ziegeleibesitzer. Schöne Gruftkapelle.

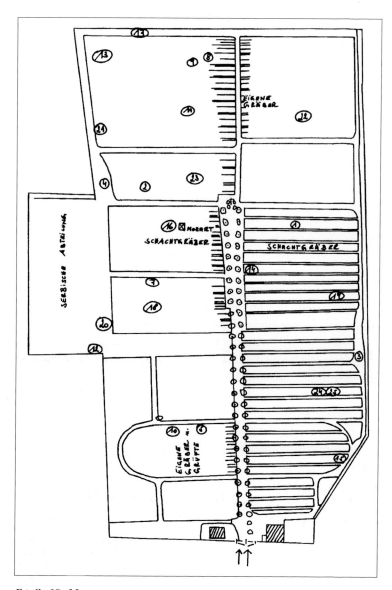

Friedhof St. Marx

Berühmte Gräber in Wien

7. *Drechsler, Joseph* (1782–1852). Domkapellmeister. Direktor des Leopoldstädter Theaters 1822–30. Schrieb rd. 60 Opern und Singspiele.

8. *Foresti, Johann v.* (1776–1849). Hauptmann. Militärischer Erzieher des Herzogs von Reichstadt.

9. *Füchs, Ferdinand* (1811–1848). Komponist, Chormeister, Schrieb u. a. die Oper „Gutenberg".

10. *Gottlieb, Anna* (1774–1856). Sängerin, Schauspielerin. Sang als 12jährige die Barbarina in Mozarts „Figaro". Später 40 Jahre lang am Leopoldstädter Theater tätig.

11. *Hasenhut, Anton* (1766–1841). Volkstümlicher Schauspieler. Berühmt durch seine Thaddädl-Darstellung.

12. *Ipsilantis, Alexandros* (1792–1828). Griechischer Freiheitskämpfer gegen die Türken. Leichnam nach Athen übergeführt.

Kanne, Friedrich (1788–1833). Komponist und Dichter. Schrieb 15 Opern und Singspiele. In Schachtgrab beigesetzt.

13. *Löwe, Julie* (1787–1849). Gefeierte Schauspielerin. Lebenslängliches Mitglied der Hofbühne.

14. *Madersperger, Joseph* (1768–1850). Schneider. Konstruierte die erste Nähmaschine.

15. *Montoyer, Louis* (1749–1811). Belgischer Baumeister. Erbauer der Albertina, des Palais Rasumofsky und des Schlosses Laeken.

16. *Mozart, Wolfgang A.* (1756–1791). Wurde in einem Schachtgrab beigesetzt. Das Grabmal zeigt die ungefähre Stelle an. Die Grabstätten der Familie Mozart sind über ganz Europa verstreut: Vater und Witwe in Salzburg, Mutter in Paris, Sohn Wolfgang in Karlsbad, Sohn Karl Thomas in Mailand.

Wolfgang A. Mozart

17. *Niemeszek, Franz X. Dr.* (1766–1849). Mozarts Biograph und Erzieher seiner Söhne.
18. *Nobile, Peter* (1776–1854). Schuf das äußere Burgtor und den Theseustempel im Volksgarten.
19. *Österr. Soldatengräber aus dem Krieg 1866.*
   Paradis, Maria Th. (1759–1824). Blinde Pianistin. Komponierte Singspiele, Kantaten, Lieder. Grab verschollen.
20. *Piquot, Marie* (1798–1822). Heimliche Geliebte Grillparzers.
21. *Saal, Ignaz* (1761–1836). Sänger (Baß). Gehörte von 1782 bis 1822 dem Nationaltheater an.
22. *Sartory, Johann* (1758–1840). Direktor des Leopoldstädter Theaters.
   Schenk, Johann (1753–1836). Komponist. Schrieb u. a. das Singspiel „Der Dorfbarbier". Grab nicht erhalten.
23. *Stadler, Maximilian Abbé* (1748–1833). Kirchenkomponist. Schrieb das Oratorium „Das befreite Jerusalem", Kantaten u. a. m.

24. *Thonet, Michael* (1796 bis 1871). Erfinder der Möbel aus gebogenem Holz.
25. *Waldmüller, Katharina* (1792–1850). Sängerin (Alt) am Kärntnertortheater 1817–1846. Gattin des Malers Ferdinand Waldmüller.

Michael Thonet

FRIEDHOF SIMMERING
1110, Unter der Kirche KNr. 597
Straßenbahnlinien 71, Autobus 69A, Schnellbahn

Neuer Teil Gruppe 1 R 1/12
Blemenschütz, Georg „Schurl" (1914–1990). Österreichische Ringer-Legende. Sechsfacher Weltmeister.

Berühmte Gräber in Wien

FRIEDHOF SÜDWEST
1120, Wundtgasse 1a
Autobus 63A

Gruppe 34
R 10/40   *Absolon, Kurt* (1925–1958, Autounfall). Maler, Grafiker.
           Mitglied des „Wiener Art-Clubs". Galt als bedeutendste
           grafische Begabung der Nachkriegszeit.

Gruppe 3
R 2/6   *Liewehr, Fred HR Prof.* (1909–1993) Kammerschauspie-
           ler. 1931 von M. Reinhardt entdeckt, ab 1933 am Wr.
           Burgtheater (1969 Ehrenmitglied), ab 1949 auch an der
           Volksoper. Lehrer am Reinhardt-Seminar. Spielte in ca.
           260 Rollen.

FRIEDHOF LAINZ
1130, Würzburggasse 28
Autobus 8A, 58B

Sir Karl Raimund Popper

2–7   *Popper, Sir Karl Raimund Univ.-Prof. DDr.* (1902–1994).
           Philosoph. Wissenschaftstheoretiker. 1937–1945 in Neu-
           seeland, ab 1960 Professor in London. Gilt als Begrün-
           der des kritischen Rationalismus.

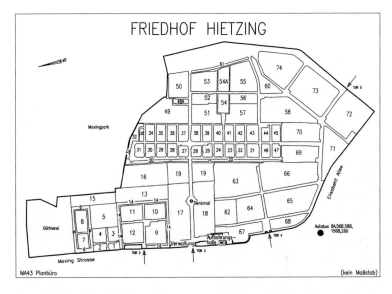

FRIEDHOF HIETZING

FRIEDHOF HIETZING
1130, Maxingstraße 15
Autobus 8A, 56B, 58B, 156B

Gruppe 19
26 D *Auer v. Welsbach, Carl Frh.* (1858–1929). Chemiker. Erfinder des Gasglühlichts.

Gruppe 16
23 D *Beck, Max Frh. v.* (1854–1943). Ministerpräsident 1906 bis 1908. Setzte das allgemeine Wahlrecht durch.

Gruppe 49
24 F *Berg, Alban* (1885–1934). Komponist. Vertreter der Zwölftonmusik. Schrieb die Opern „Wozzeck" und „Lulu".

Gruppe 3
6 *Cléry, Jean B.* (1762–1809). Letzter Kammerdiener des französ. Königs Ludwig XVI.

Gruppe 37
Gr. 1 *Conrad v. Hötzendorf, Franz Graf* (1852–1925). Feldmarschall, österr. Generalstabschef 1906–1911 und 1912–1917.

Alban Berg   *Heinz Conrads*

Gruppe 16
Grabkammer 35 *Conrads, Heinz* (1913–1986). Volksschauspieler, Komiker, beliebter Rundfunk- und Fernsehmoderator.

Gruppe 58
328   *Decsey, Ernst Dr.* (1870–1941). Musikkritiker und Romanschriftsteller.

371   *Dermota, Anton* (1910–1989). Tenor. Mitglied der Wiener Staatsoper von 1936 bis 1981.

Gruppe 6
Gr. 15 *Dietrichstein, Moritz J. Graf v.* (1775–1864). Erzieher des Herzogs von Reichstadt, Leiter der Hofbühnen und Hofbibliothek.

Gruppe 27
Gr. 11 *Dollfuß, Engelbert Dr.* (1892–1934). Österr. Bundeskanzler 1932–1934. Erschossen.

Gruppe 20

Gr. 93   *Dovsky, Beatrice* (1866–1923). Schriftstellerin. Schrieb das Libretto zur Oper „Mona Lisa" von Max v. Schillings.

Gruppe 60
R 7/18

Einem, Gottfried von Prof.
(1912–1996). Komponist.
Schüler von B. Blacher. 1963
Prof. a. d. Wr. Musikakade-
mie, 1965 Präsident der
AKM. Schrieb zahlreiche
Orchesterwerke, Ballette,
Lieder, Filmmusiken sowie
Opern „Dantons Tod", „Der
Besuch der alten Dame",
„Kabale und Liebe" u. a.
Verheiratet mit der Schrift-
stellerin Lotte Ingrisch.

Gottfried von Einem

Gruppe 6

Gr. 12 A   *Elßler, Fanny* (1810–1884). Tänzerin. Begründete den Ruf des Wiener Balletts.

Gruppe 16

Gr. 39   *Engerth, Eduard Frh. v.* (1818–1897). Maler. Schuf Gemälde sowie Freskenzyklen in der Wiener Hofoper.

Gruppe 7

Gr. 53   *Fröhlich, Kathi* (1800–1879). Die „ewige Braut" Grillparzers.

Gruppe 31

Gr. 1   *Glawatsch, Franz* (1871–1928). Operettensänger am Carltheater und Theater an der Wien.

Gruppe 31

23   *Gölsdorf, Karl Dr.* (1861–1916). Eisenbahn- und Lokomotivfachmann.

Gruppe 11
Gr. 95 *Gorup v. Besancz, Ferdinand Frh. v.* (1855–1928). Polizeipräsident von Wien 1914–1917. Beteiligt an den Ermittlungen über die Mayerling-Tragödie.

Gruppe 46
31   *Granichstaedten, Bruno* (1879–1944). Operettenkomponist: „Der Orlow", „Auf Befehl der Kaiserin".

Franz Grillparzer

Gruppe 13
Gr. 107 *Grillparzer, Franz* (1791–1872). Dichter, Schriftsteller.
Schrieb u. a. „Die Ahnfrau", „Sappho", „Libussa".

Gruppe 15
Gr. 4 D *Hellmesberger, Joseph d. A.* (1828–1893). Violinvirtuose.
Dir. des Wr. Konservatoriums.

Gruppe 15
Gr. 4 D *Hellmesberger, Joseph d. J.* (1855–1907). Hofkapellmeister,
Operettenkomponist („Das Veilchenmädchen").

Hans Jaray

Gruppe 13
Gr. 46 *Jaray, Hans Prof.* (1906–1990). Schauspieler. Mitglied des Theaters in der Josefstadt und des Wiener Volkstheaters.

Gruppe 26
Gr. 5 *Karczag, Wilhelm* (1857–1923). Musikverleger. Direktor des Theaters a. d. Wien. Gatte der Sängerin Julie Kopácsi.

Gruppe 17
Gr. 220 *Kartousch, Louise* (1886–1964). Schauspielerin.

Gruppe 20
Gr. 58 *Kerzl, Joseph v. Dr.* (1842–1919). General-Oberstabsarzt. Hofarzt Kaiser Franz Josephs.

Gruppe 5

Gr. 194 *Klimt, Gustav* (1862–1918). Maler, Zeichner. 1879 Mitbegründer der Secession (Präs. bis 1905). Beliebter Porträtist. Schuf 1902 den Beethoven-Fries für die Secession.

Gedenktafel Gustav Klimt

Gruppe 12
71   *Leon, Viktor* (1860–1940). Schriftsteller. Librettist, u. a.
        „Die lustige Witwe", „Der fidele Bauer".

Gruppe 30
23   *Lernet-Holenia, Alexander* (1897–1976). Lyriker, Drama-
        tiker, Erzähler.

Gruppe 66
1 A   *Marischka, Hubert* (1882–1959). Filmregisseur, beliebter
        Operettendarsteller, Direktor des Theaters a. d. Wien.

Gruppe 18
R 7/225 *Moravec, Fritz Prof. Ing.* (1922–1997). Alpinist, Reise-
        schriftsteller. Gründer und 1962–1991 Leiter der Hoch-
        gebirgsschule Glockner Kaprun. Teilnehmer an zahlrei-
        chen Expeditionen in den Himalaja. Erstbesteiger des
        Gasherbrum II.

Gruppe 16
Gr. 11 D *Moser, Kolo* (1868–1918). Maler. Exponent des Wiener
        Jugendstils.

Gruppe 50
37   *Prack, Rudolf* (1905–1981). Filmschauspieler.

Gruppe 5
47   *Schmerling, Anton v.* (1805–1893). Österr. Staatsmann.

Katharina Schratt

Gruppe 19
Gr. 108   *Schratt, Katharina* (1853–1940). Burgschauspielerin.
Vertraute und Gefährtin Kaiser Franz Josephs.

Gruppe 13
Gr. 73   *Strauß, Jetty, geb. Treffz* (1818–1878). Opernsängerin.
Erste Frau des Walzerkönigs Johann Strauß.

Gruppe 56
69   *Strotzka, Hans Univ.-Prof. Dr.* (1917–1994). Tiefenpsychologe. Ab 1946 an der Nervenheilanstalt Rosenhügel.
Gründer des Dachverbands der Psychotherapeuten.

Gruppe 31
Gr. 234   *Tittel, Bernhard* (1873–1942). Kapellmeister an der
Staatsoper.

Gruppe 13
131 *Wagner, Otto* (1841–1918). Architekt. Schöpfer der Kirche am Steinhof, des Postsparkassengebäudes, der Wr. Stadtbahn.

Gruppe 12
144 *Waldemar, Richard* (1869–1946). Eigtl. Kramer. Komiker, Operettensänger, Filmschauspieler.

Gruppe 7
1 *Weingartner-Marcell, Lucille* (1887–1921). Opernsängerin (Sopran). Frau des Komponisten Felix Weingartner.

Gruppe 16
Gruft 30 (Nachmauer) *Widerhofer, Hermann v. Dr.* (1832–1901). Kaiserlicher Leibarzt. Obduzierte Kronprinz Rudolf.

Gruppe 29
9 *Zwerenz, Mitzi* (1881–1947). Operettensängerin. Trat bei zahlreichen Uraufführungen auf.

Zahlreiche Wiener Großindustriellenfamilien sind auf diesem Friedhof bestattet, so u. a. Böhler, Czapka, Hutterstrasser, Mautner-Markhof, Piatnik, Reithoffer, Schoeller.

FRIEDHOF OBER-ST. VEIT
1130, Gemeindeberggasse 26
Autobus 54B, 55B

Gr. 57 *Jauner, Franz v.* (1831–1900). Theaterdirektor u. a. des Ringtheaters, als es abbrannte. Endete durch Selbstmord.

Gruppe B
R 10/15 *Schiele, Egon* (1890–1918). Maler des Jugendstils, später Expressionist.

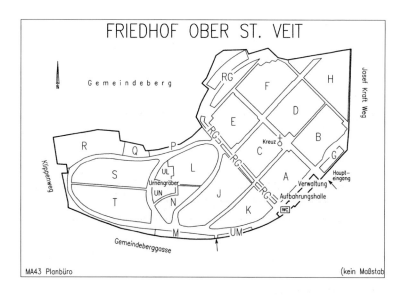

Gemeindeberg

Josef Kraft Weg

Klippenweg

RG F H

E D

R Q P Kreuz B

RG C G

S UL L A Haupt-
eingang
Urnengräber Verwaltung
UN Aufbahrungshalle
T N J
K WC
M UM
Gemeindeberggasse

MA43 Planbüro (kein Maßstab)

Gruppe C
R 7/7   *Slatin, Rudolf Frh. v.* (1857–1932). Bekannt als Slatin Pascha. Afrikaforscher, Schriftsteller. Generalinspekteur des Sudans 1900–1914.

FRIEDHOF BAUMGARTEN
1140, Waidhausenstraße 52
Straßenbahnlinie 49, Autobus 47A, 48A

A-Gruft 4 *Glossy, Karl* (1848–1937). Wiener Literatur- und Theaterforscher.

Gruppe 15
1   *Hesch, Wilhelm* (1860–1908). Kammersänger. Mitglied der Hofoper 1896–1908.

Gruppe E
59   *Terkal, Karl* (1919–1996). Kammersänger (Tenor). Von 1950 bis 1952 am Stadttheater Graz, 1952 von Clemens Krauss an die Wr. Staatsoper berufen. Trat auch bei den Festspielen in Salzburg, Bregenz und Bayreuth auf.

Friedhof Hadersdorf-Weidlingau
1140, Friedhofstraße 12–14
Autobus 50B

Abtlg. 1
Gr. 1   *Etienne, Michael* (1827–1879). Publizist. Mitbegründer
der „Neuen Freien Presse".

Abtlg. II
Gruft 39   *Herzmansky, August* (1834–1896). Kaufhausgründer und
Wohltäter.
Rg/14   *Waldmüller, Lizzi* (1904–1945). Operettensängerin, Film-
schauspielerin.

Friedhof Hütteldorf
1140, Samptwandnergasse 6
Straßenbahnlinie 49, Autobus 49B

Gruppe 1
471   *Haus, Anton Frh. v.* (1851–1917). Großadmiral. Befehls-
haber der österr. Flotte im 1. Weltkrieg.

Gruppe 2
Gr. 72   *Petznek, Elisabeth* (1883–1963). Tochter und einziges Kind
des Kronprinzen Rudolf.

Grabstätten der Familien Artaria, Bujatti, Dehne, Isbary, Miller-
Aichholz, Plankl.

Friedhof Penzing
1140, Goldschlagstraße 178
Straßenbahnlinie 52, Autobus 51A

Südmauer
Gr. 18   *Haßreiter, Josef* (1845–1940). Ballettmeister der Hofoper,
Choreograph.

Karl Freiherr v. Vogel-
sang

Gr. 24   *Vogelsang, Karl Frh. v.* (1818–1890). Sozialreformer, Schriftsteller.

Nordmauer
Gruft 9   *Vesque von Püttlingen, Johann* (1803–1883). Pseud. J. Hoven. Diplomat, Pianist, Komponist.

FRIEDHOF OTTAKRING
1160, Gallitzinstraße 5
Straßenbahnlinie J, Autobus 45B, 46B

Gruppe 3
R 4/5   *Dänzer, Georg* (1848–1893). Musiker, Mitglied des Schrammel-Quartetts („Picksüßes Hölzel").

Gruppe 20
R 30/8   *Hoven, Adrian* (1922–1981). Eigtl. Wilhelm Hofkircher. Filmschauspieler.

Gruppe 33
R 11/32   *Schmid, Hansl* (1897–1988). Wienerliedsänger, Komponist.

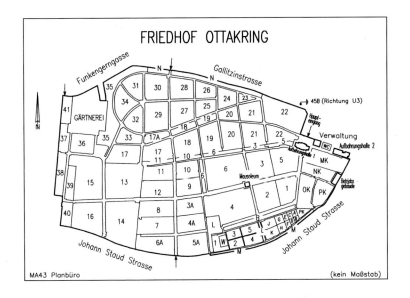

FRIEDHOF OTTAKRING

MA43 Planbüro   (kein Maßstab)

FRIEDHOF DORNBACH
1170, Alszeile 28
Straßenbahnlinie 43

Gruppe 12
38   *Artaria, Dominik* (1775–1842). Bekannter Musikverleger
          (Beethoven) und Besitzer des Kunst- und Landkarten-
          verlages gleichen Namens.

Gruppe 1
18   *Demel, Christof* (1805–1883). Hofzuckerbäcker.

Gruppe 36
Gruft 9   *Haid, Liane* (1897–2000). Filmschauspielerin. Ursprüng-
          lich Tänzerin in Wien und Budapest. Ab 1921 einer der
          bekanntesten Stars des deutschen Stummfilms, die auch
          den Sprung zum Tonfilm schaffte.

Gruppe 12
10   *Hauer, Josef M.* (1883–1959). Komponist. Entwickelte
          unabhängig von Schönberg ein Zwölftonsystem. Opern
          „Die schwarze Spinne" u. a.

Friedhöfe und aufgelassene Friedhöfe, nach Bezirken geordnet   93

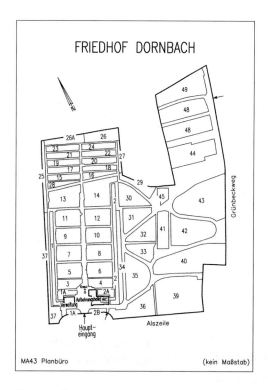

FRIEDHOF DORNBACH

MA43 Planbüro   (kein Maßstab)

Gruppe 3
4   *Koren, Stephan Prof. DDr.* (1919–1988). Wirtschaftswissen-
schaftler. Finanzminister 1968–1970, Klubobmann der ÖVP
1970–1978, Präsident der Oesterr. Nationalbank 1978–1988.

Gruppe 35
132 *Reining, Maria* (1903–1991). Kammersängerin (Sopran). Von
1931 bis 1933 und 1937 bis 1958 an der Wr. Staatsoper, 1937
bis 1941 auch bei den Salzburger Festspielen. Trat in zahlreichen Gastspielen im Ausland auf.

Gruppe 30
45 *Strohmayer, Anton* (1848–1937). Musiker. Mitglied des berühmten Schrammel-Quartetts.
    Turecek-Pemer, Emilie (1846–1889). Beliebte Volkssängerin,
bekannt als „Fiakermilli". Grab verschollen.

Gruppe 19

18 *Weidemann, Friedrich* (1871–1919). Kammersänger (Bariton). Ab 1903 Mitglied der Hofoper.

Gruppe 3

12 *Wiesberg, Wilhelm* (1850–1896). Volkssänger und Komponist. Schrieb den Text zu „Das hat kein Goethe g'schrieben ..."".

Auf diesem Friedhof fanden auch Mitglieder der bekannten Industriellenfamilien Manner, Meinl und Warchalowski ihre letzte Ruhestätte.

Friedhof Hernals

1170, Leopold-Kunschak-Platz 7
Straßenbahnlinie 43, Autobus 42B, Vorortelinie

Arkaden re.

56 *Anger, Josef* (1823–1882). Industrieller (Näh- und Buchdruckereimaschinen). Stellte bereits lang vor 1900 seinen Arbeitern Sozialwohnungen zur Verfügung.

Gruppe K

130 *Bratfisch, Josef* (1847 bis 1892). Spitzname „Nockerl". Volkssänger und Leibfiaker Kronprinz Rudolfs.

Arkaden re.

54 *Brzesowsky, Karl Frh. v.* (1855–1928). Polizeipräsident von Wien 1907–1914.

Gruppe 48

11 *Fischer, Betty* (1887–1969). Gefeierte Operettensängerin, bekannt als „Das Lercherl von Hernals".

Josef Bratfisch

Gruppe 1

238 *Happel, Ernst* (1925–1992). Fußballspieler- und -trainer. 51 Länderspiele für Österreich. „Weltmeister" der Trainer: errang ab 1958 18 Titel mit Mannschaften aus verschiedenen Ländern.

Arkaden re.

34 *Hebra, Ferdinand v.* (1816–1880). Mediziner. Begründer der modernen Dermatologie.

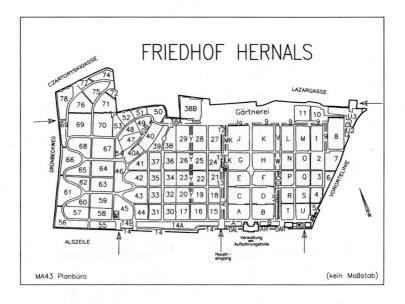

Gruppe 14 A

218 *Manas, Sylvia* (1948–1977, Autounfall), Schauspielerin am Burgtheater und Theater in der Josefstadt.

Gruppe 13

27 *Poell, Alfred* (1900–1968). Opern- und Konzertsänger (Bariton). Ursprünglich HNO-Facharzt. Ab 1940 an der Staatsoper.

Gruppe F

53 A *Preger, Kurt* (1907–1960). Operettensänger (Bariton). Ab 1945 an der Staats- und Volksoper.

Arkaden re.

24 *Rokitansky, Hans Frh. v.* (1835–1909). Kammersänger an der Wiener Hofoper.

Arkaden re.

24 *Rokitansky, Karl Frh. v.* (1804–1878). Mediziner. Begründer der pathologischen Anatomie.

Gruppe K

Josef Schrammel

205 *Schrammel, Johann* (1850–1893). Musiker. Begründer der weltbekannten „Schrammel-Musik".

Gruppe 1

31 *Schrammel, Josef* (1852–1895). Musiker, Komponist.

Arkaden re.

37 *Skoda, Franz v.* (1805–1888). Mediziner. Neubegründer der physikalischen Diagnostik.

EHEMALIGER WÄHRINGER ALLGEMEINER FRIEDHOF
1180, Semperstraße, Währinger Park
Straßenbahnlinie 37, 38; Autobus 35A, 37A; U6

Der Friedhof wurde 1783 angelegt und 1874 geschlossen. 1923 wurde er in eine Parkanlage umgewandelt, die heute als „Währinger Park" bekannt ist. Im Denkmalhain sind die Grabmäler u. a. folgender Persönlichkeiten zu sehen:

Cobenzl, Ludwig Graf v. (1753–1809). Österr. Staatsmann.
Gentz, Friedrich v. (1764–1832). Publizist, Politiker. Vertrauter Metternichs, Gönner Fanny Elßlers.
Heinefetter-Stöckl, Clara (1816–1857). Hofopernsängerin.
Hellmesberger, Georg (1800- 1873). Violinvirtuose, Dirigent an der Hofoper. (Leichnam auf den Hietzinger Friedhof übergeführt.)

Weiters waren hier bestattet (Gräber eingeebnet):

Schikaneder, Emanuel (1751 bis 1812). Bühnendichter, Theaterdirektor. Verfasser des Textbuches zur „Zauberflöte".
Swieten, Gottfried Baron v. (1734–1823). Direktor der Hofbibliothek, Musikmäzen.

Emanuel Schikaneder

Der jüdische Teil des ehemaligen Währinger Friedhofes (heute Währinger Park an der Gymnasiumstraße), welcher abgeteilt ist, ist heute noch erhalten, weil es in der Regel für israel. Friedhöfe keine Auflassung gibt.

Berühmte Gräber in Wien

Ehemaliger Währinger Ortsfriedhof
1180, Währinger Straße, neben 123
Schubertpark
Straßenbahnlinien 40, 41

Der Friedhof wurde 1769 eingeweiht, 1873 aufgelassen und 1924/
25 in eine Parkanlage („Schubertpark") umgewandelt. Hier ruh-
ten bis zu ihrer Überführung auf andere Friedhöfe Beethoven,
Schubert, Nestroy und Grillparzer. Auch Alma von Goethe, eine
Enkelin des Dichters, war hier begraben. Die Grabdenkmäler
Beethovens und Schuberts sind noch erhalten, ebenso die alte To-
tenkammer.

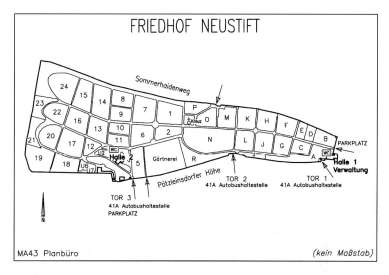

Friedhof Neustift am Walde
1180, Pötzleinsdorfer Höhe 2
Straßenbahnlinie 41, Autobus 35A, 41A

Gruppe E
R1/Gr. 1 *Balser, Ewald* (1898–1978). Burgschauspieler.

Gruppe 20
R 4/8 *Birkmayer, Walther Univ.-Prof. DDr. h.c.* (1910–1999).
Neurologe. Leiter des Boltzmann-Instituts für Neuro-
chemie, Vorstand der neurolog. Abtlg. des Krankenhau-

Ewald Balser   *Willi Forst*

ses Lainz. Entdecker der L-Dope-Therapie (1961) zur Behandlung von Morbus Parkinson.

Gruppe L
R 10/24   *Forst, Willi* (1903–1980). Filmschauspieler, Regisseur.

Gruppe 22
R 6/1
Gobert, Boy (1925–1986). Regisseur und Schauspieler. Intendant am Thalia-Theater, Hamburg, und der Staatl. Bühnen, Berlin.

Gruppe 1
R 17/11
Hayek, Friedrich Univ.-Prof. DDr. (1899–1992). Nationalökonom, Sozialphilosoph. Erhielt 1974 den Nobelpreis für Wirtschaftswissenschaften. Gründete 1927 das Institut für Wirtschaftsforschung.

Boy Gobert

Gruppe 6
R 14/21 *Kaufmann, Erich* (1908–1956). Opernsänger (Bassist).
Wirkte von 1931 bis 1934 an der Volksoper.

Josef Krips   *Egon Seefehlner*

Gruppe 16
R 4/30 *Krips, Josef* (1902–1974). Chefdirigent der Staatsoper.

Gruppe R
R 2/18 *Lang, Hans Prof.* (1908–1992). Komponist. Schrieb Wiener Lieder, Tanz-, Film- und Theatermusik, u. a. „Hallo, Dienstmann", „Hofrat Geiger", „Der alte Sünder".

Gruppe F
R 13/7 *Pankejeff, Sergej* (1886–1979). Sohn eines russ. Großgrundbesitzers. Patient Sigmund Freuds, „Der Wolfsmann".

Gruppe A
Gr. 33 *Reichert, Carl* (1851–1922). Gründer der optischen Werke C. Reichert in Wien.

Gruppe N
R 1/44 *Seefehlner, Egon HR Prof. Dr.* (1912–1997). Kulturredakteur, Operndirektor. 1946–1951 Gen.-Sekretär der Wr.

Konzerthausgesellschaft. 1976–1982 und 1984–1986 Direktor der Wr. Staatsoper.

Irmgard Seefried

Gruppe U2

184   *Seefried, Irmgard* (1919–1988). Kammersängerin (Sopran). Ab 1943 an der Wiener Staatsoper. Gesuchte Pädagogin. Verheiratet mit dem Violinisten Wolfgang Schneiderhan (gest. 2002)

Gruppe O

R 5/13   *Trojan-Takacs, Alexander* (1911–1992). Kammerschauspieler. 1939–1991 am Wr. Burgtheater (1989 Ehrenmitglied). Mitwirkung bei den Salzburger Festspielen. Trat auch im Rundfunk auf.

Gruppe J

R 1/1   *Wildbrunn, Helene* (1882–1972). Kammersängerin (Sopran). Von 1919 bis 1932 an der Staatsoper (Ehrenmitglied).

FRIEDHOF PÖTZLEINSDORF
1180, Starkfriedgasse 67
Straßenbahnlinie 41, Autobus 41A

Gruppe F
88 *Bleibtreu-Paulsen, Hedwig*
    (1868–1958). Burgschau-
    spielerin.
50 *Krenn, Fritz* (1887–1963).
    Baßbariton. Mitglied der
    Wiener Staatsoper
    1919–1937.

Gruppe D
R 42/308 *Prohaska, Carl*
(1869–1927). Komponist,
Dirigent. Schrieb zahlreiche
Werke, u. a. die Oper
„Madeleine Guinard".

Hedwig Bleibtreu-Paulsen

EHEMALIGER (ALTER) DÖBLINGER FRIEDHOF
1190, Billrothstraße/Grinzinger Allee
Straßenbahnlinie 38, Autobus 39A

An der Stelle dieses vor Jahrzehnten aufgelassenen Friedhofs befindet sich heute der „Strauß-Lanner-Park", in dem noch die vor-
züglichen Grabstätten von Johann Strauß Vater († 1849) und Josef
Lanner († 1843) zu sehen sind.

Früher waren hier auch Nikolaus Lenau, Ludwig Boltzmann sowie Johann Nepomuk Berger begraben. Sie wurden in Ehrengräber auf anderen Friedhöfen überführt.

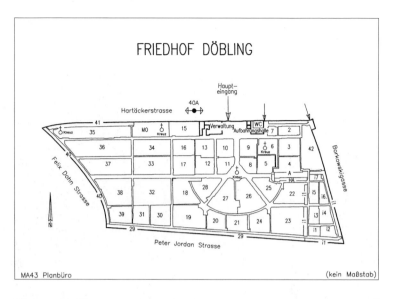

FRIEDHOF DÖBLING

MA43 Planbüro   (kein Maßstab)

FRIEDHOF DÖBLING
1190, Hartäckerstraße 65
Autobus 40A

Gruppe 30
R 4/5   *Bettelheim, Anton* (1851–1930). Literaturhistoriker, Herausgeber biografischer Sammelwerke.

Gruppe 27
Gr. 28   *Breitenecker, Leopold Prof.* (1902–1981). Berühmter Gerichtsmediziner.

Gruppe 20
R 3/3   *Breuer, Josef* (1842–1925). Internist. Begründete die sexuelle Auffassung der Hysterie.

Gruppe 28
R 1/7   *Cebotari, Maria* (1910–1949). Sopranistin. Ab 1943 an der Wiener Staatsoper. Im gleichen Grab ihr Mann Gustav Diessl, Filmschauspieler.

Gruppe 33
R 2/5   *Colerus, Egmont* (1888–1939). Bekannter Schriftsteller.

Schrieb u. a. „Leibniz", „Vom Punkt zur vierten Dimension".

Richard Eybner   Karl Fellinger

R 2/31   *Eybner, Richard* (1896–1986), Kammerschauspieler,
          spielte am Wiener Burgtheater in mehr als 290 Rollen
          (bes. Nestroy- und Raimundstücke).

Gruppe 24
R 2/1   *Fellinger, Karl Univ.-Prof. DDr. h. c.* (1904–2000). Medi-
          ziner, Internist. Ab 1945 Univ.-Professor in Wien (1964/
          65 Rektor). 1946–1975 Vorstand der II. Medizin. Univ.-
          Klinik. Präsident des Rudolfinerhauses und des Ober-
          sten Sanitätsrats.

Gruppe 35
R 25/10   *Gerlach, Martin* (1847–1918). Begründer der Verlags-
          firma Gerlach & Wiedling.

Gruppe 37
R 1/24 *Häussermann, Ernst Prof.* (1916–1984). Direktor des Burgtheaters und des Theaters in der Josefstadt.

Gruppe 28
Gr. 10 *Hartmann, Ludo Prof. Dr.* (1865–1924). Gründer der Volkshochschulen.

John Haswell   *Theodor Herzl*

Gruppe 10
Gr. 1 *Haswell, John* (1812–1897). Österreichs erster Lokomotivkonstrukteur.

Gruppe Isr. 1
Gr. 30 *Herzl, Theodor* (1860–1904). Schriftsteller, Dramatiker, Mitgründer der zionistischen Weltorganisation. Der Körper Herzls wurde exhumiert und nach Jerusalem überführt.

Gruppe 18
Gr. 15 *Kainz, Josef* (1858–1910). Burgschauspieler.

Gruppe Isr. 1
Gr. 3   *Lieben, Robert v.* (1878–1913). Physiker. Entwickelte die
nach ihm benannte Verstärkerröhre.

Gruppe 11
Gr. 5   *Matsch, Franz v.* (1861–1942). Maler und Bildhauer.

Gruppe 2
R 2/13   *Miklas, Wilhelm* (1872–1956). Österr. Bundespräsident
1928–1938.

Gruppe 32
R 1/1 A   *Nemeth, Maria* (1897–1967). Dramatischer Sopran. Ab
1925 an der Wiener Staatsoper.

Gruppe 6
R 1/10   *Pippal, Hans Robert Prof.* (1915–1998). Schuf Stilleben,
Porträts, Landschaften, Zyklen. Mitglied der „Wiener
Secession". Zahlreiche Ausstellungen im In- und Ausland.

Gruppe Moh.
80   *Reinhardt, Heinrich* (1865–1922). Schüler Bruckners,
Musikschriftsteller und Komponist. Operetten „Das
süße Mädel" u. a.

Gruppe 26
Gr. 33
Saar, Ferdinand v. (1833 bis
1906, Selbstmord). Erzähler
und Lyriker.

Gruppe 32
Gr. 29
Schönthan, Franz v. (1849 bis
1913). Bühnenautor, u. a.
„Der Raub der Sabinerinnen".

Ferdinand v. Saar

Gruppe Isr. 1
Gr. 44   *Sonnenthal, Adolf v.* (1834–1909). Burgschauspieler.

Otto Tressler

Gruppe 25
Gruft 16   *Tressler, Otto* (eigentl. O. Mayer) (1871–1965). Hofschauspieler. Von 1896 bis 1961 am Burgtheater (1926
Ehrenmitglied). Trat in 383 Rollen auf. Auch als Bildhauer tätig: Grab von Schreyvogel am Zentralfriedhof.

Gruppe Moh.
90   *Tschermak, Erich v.* (1871–1962). Botaniker. Wiederent-
decker der Mendelschen Vererbungslehre.

Gruppe 9
Gr. 5   *Weyr, Rudolf v.* (1847–1914). Mitschöpfer des Grillpar-
zer- und Brahmsdenkmals und der Brunnen für den Mi-
chaelertrakt der Hofburg.

Gruppe 3
R 2/3   *Ziegler, Karl* (1886–1944). Kammersänger. Ab 1919 an
der Wiener Staatsoper.

Gruppe Isr. 1
Gr. II   *Zuckerkandl, Emil* (1849–1910). Berühmter Anatom.

Auf dem Döblinger Friedhof finden sich ferner die Grabstätten bekannter Familien des Bezirks wie Etti, Gräf, Kattus, Richer, Wertheimstein, Zacherl und Zögernitz.

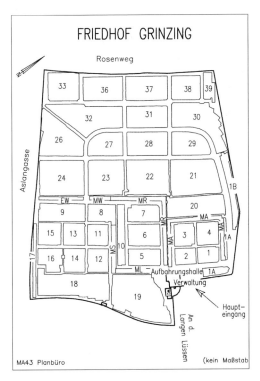

FRIEDHOF GRINZING
1190, An den langen Lüssen 33
Straßenbahnlinie 38, Autobus 37A, 38A

Alter Teil, a. d. Wand
24   *Aslan, Raoul* (1886–1958). Burgschauspieler, Regisseur.
         Direktor des Burgtheaters 1945–1948.

Gruppe 21
R 6/1   *Bernhard, Thomas* (1931–1989). Schriftsteller, Dichter.

Raoul Aslan   Thomas Bernhard

Gruppe 10
R 2/1 *Doderer, Heimito v.* (1896–1966). Schriftsteller. Schrieb
u. a. „Die Merowinger", „Die Dämonen".

A. d. Wand re.
21 *Fellner, Ferdinand* (1847–1916). Theaterbaumeister. Bekannt durch seine Zusammenarbeit mit Helmer.

Alter Teil, a. d. Wand
46 *Ferstel, Johann Frh. v.* (1828–1883). Architekt. Schuf u. a.
die Votivkirche, die Universität.

Gruppe 3
14 *Führich, Josef v.* (1800–1876). Maler, Zeichner. Vertreter
der Nazarener.

Gruppe 6
R 3/3 *Hörbiger, Attila* (1896–1987). Schauspieler, Mitglied des
Burgtheaters, bedeutender Charakterdarsteller. Verh. mit
Paula Wessely.

Gruppe 18
124   *Illner, Karl* (1877–1935). Flugtechniker, Pionier im Strekkenflug.

Gruppe 6
R 5/2   *Kupelwieser, Leopold* (1796–1862). Maler, vor allem von Altarbildern und religiösen Fresken.

Gustav Mahler

Gruppe 6
R 7/1   *Mahler, Gustav* (1860–1911). Komponist, Dirigent. Direktor der Hofoper 1897–1907.

Gruppe 6
R 6/7   *Mahler-Werfel, Alma* (1879–1964). Schriftstellerin, Musikerin. Witwe Gustav Mahlers, später mit Franz Werfel vermählt.

Gruppe 30
R 3/29   *Mayerhofer, Elfie* (1923–1992). Schauspielerin, Sängerin. Trat praktisch in allen bedeutenden Opernhäusern Europas, speziell in Operetten auf. Spielte in zahlreichen Filmen mit.

Gruppe 37
R 2/22   *Meister, Ernst* (1926–1986). Kammerschauspieler des Wiener Volkstheaters, Rundfunksprecher.

Gruppe 11
R 3/11   *Mitterwurzer, Friedrich* (1844–1897). Bekannter Burgschauspieler.

Gruppe 37
R 5/1   *Neher, Caspar* (1897–1962). Bedeutender deutscher Bühnenbildner.

Gruppe 20
R 5/6   *Rosé, Arnold* (1863–1948). Geiger. Konzertmeister im Hoforchester 1881–1922, Führer des Rosé-Quartetts.

Gruppe 20
R 5/16   *Sacher-Masoch, Alexander* (1901–1972). Lyriker, Erzähler.

Alter Teil, a. d. Wand
62   *Siccard v. Siccardsburg, August* (1813–1868). Architekt. Schuf mit van der Nüll u. a. die Wiener Oper und das Arsenal.

Gruppe 19
43   *Stetter, Georg Prof. Dr.* (1895–1988). Atomphysiker, ab 1953 Vorst. d. 1. Physikal. Inst. in Wien. Besaß das erste Patent für ein Kernkraftwerk (1939).

Gruppe 1
9   *Thomas, Adrienne* (1897–1980). Eigtl. Hertha Strauch. Schriftstellerin. Bekannt durch ihr Buch „Katrin wird Soldat“. Verheiratet mit Staatssekretär Dr. Julius Deutsch.

Gruppe 8
R 2/8   *Uhl, Alfred Prof.* (1909–1992). Komponist. Schüler von F. Schmidt. 1943–1979 Lehrer an der Wr. Musikakade-

mie. Schrieb Orchesterwerke, Kammermusik und die
Oper „Der mysteriöse Herr X".

Gruppe 11
R 5/2   *Weber, Ludwig* (1899–1974). Sänger (Baß). Mitglied der
Staatsoper seit 1945.

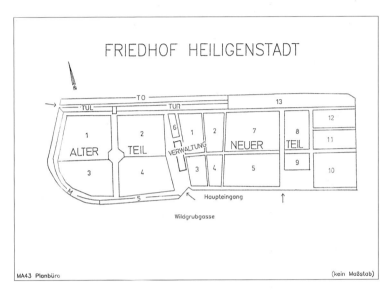

FRIEDHOF HEILIGENSTADT
1190, Wildgrubgasse 20
Straßenbahnlinie D

Unt. Terrassengruft
7   *Bernatzik, Hugo* (1897–1953). Völkerkundler, Afrikaforscher.

Teil A Gruppe 1
236   *Berry, Walter Prof.* (1929–2000). Kammersänger (Baßbariton).
Seit 1950 Mitglied der Wr. Staatsoper, seit 1952 auch bei den
Salzburger Festspielen. Bekannt auch als Interpret von Wiener Liedern. Verheiratet mit Christa Ludwig (1957–1971).

Walter Berry   *Ödön von Horváth*

Gruppe 13
Gr. 1   *Eppinger, Hans* (1879–1946). Internist. Autorität für Leber- und Kreislauferkrankungen.

Wandgr. 4   *Horváth, Ödön von* (1901–1938). Schriftsteller („Geschichten aus dem Wienerwald"). In Paris von einem herabstürzenden Ast erschlagen. 1988 von Paris nach Wien überführt.

Gruppe III
113   *Kalbeck, Max* (1850–1921). Musikschriftsteller. Brahms-Biograph.

Ob. Terrassengruft
7   *Schiessl v. Perstorff, Franz Frh.* (1844–1932). Letzter Kabinettsdirektor Kaiser Franz Josephs.

FRIEDHOF NUSSDORF
1190, Nußberggasse 44
Straßenbahnlinie D

Hintere Rückwand

li Gr. *Bosch, Franz Xaver* (1789–1860). Gründer der ehemals bekannten Nußdorfer Brauerei.

li. Gr. *Schmid, Anton* (1870–1931). Erster Rektor der Hochschule für Welthandel (heute Wirtschaftsuniversität).

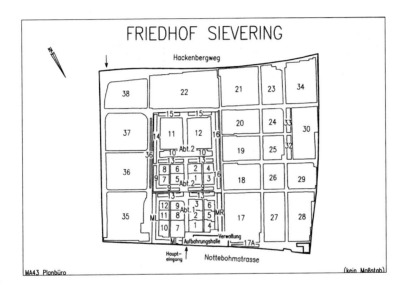

FRIEDHOF SIEVERING
1190, Nottebohmstraße 51
Autobus 39A

Abtlg. II/Gruppe 16

14 *Jelusich, Mirko* (1886–1969). Bekannter Romanschriftsteller („Cäsar", „Cromwell" u. a.).

Abtlg. II/Gruppe 28

R 9 *Karas, Anton* (1906–1985). Zitherspieler. Sein „Harry-Lime-Thema" des Films „Der dritte Mann" wurde weltberühmt.

Anton Karas   *Hugo Thimig*

Abtlg. II/Gruppe 13

76   *Thimig Hugo* (1854–1944). Burgschauspieler. Direktor des
Burgtheaters 1912–1917.
Thimig, Hans (1900–1991). Sohn Hugo Thimigs. Schwager
Max Reinhardts. Burgschauspieler. Vermachte seinen Kör-
per der Wissenschaft.

St.-Josefs-Friedhof auf dem Kahlenberg
1190, Kahlenberger Straße
Autobus 38A

Ligne, Charles J. Fürst v. (1738–1814). Österr. und russ. Feldmarschall und Diplomat.
Traunwieser, Karoline (1794–1815). „Schönstes Mädchen Wiens"
zur Zeit des Wiener Kongresses.

Friedhof Kalksburg
1237, Zemlinskygasse 26
Autobus 60A

Hugo von Hofmanns-thal

Gruppe 1
R 1   *Hofmannsthal, Hugo v.* (1874–1929). Bedeutender Dramatiker, Lyriker und Dichter. Schrieb u. a. „Jedermann" sowie die Texte zu Strauss' Opern „Elektra", „Ariadne", „Rosenkavalier".

Friedhof Mauer
1238, Friedensstraße 16
Straßenbahnlinie 60, Autobus 56B, 156B

Gruppe 3
R 2/1   *Hörbiger, Hanns* (1860–1931). Maschinenbauer. Begründer der Welteislehre.

Gruppe 10
R 2 Gr. 3 *Winkelmann, Hermann* (1849–1912). Tenor. Mitglied der Hofoper 1883–1907.

ADRESSEN WEITERER WIENER FRIEDHÖFE

Altmannsdorf, 1120, Stüber-Gunther-Gasse 1 (Straßenbahnlinie 64)

Aspern, 1220, Langobardenstraße KNr. 253 (Autobus 26A, 93A)

Atzgersdorf, 1230, Reklewskigasse 25 (Autobus 64A, 66A)

Erlaa, 1230, Erlaaer Straße 86 (Straßenbahnlinie 64, Autobus 64A)

Eßling, 1220, Schafflerhofstraße 368 (Autobus 26A, 99B)

Friedhof der Namenlosen, 1110, Alberner Hafen (Autobus 6A)

Gersthof, 1180, Möhnergasse 1 (Straßenbahnlinie 40, Autobus 42B)

Groß-Jedlersdorf, 1210, Strebersdorfer Straße 4 (Straßenbahnlinie 31, Autobus 30A)

Hetzendorf, 1120, Elisabethallee 2 (Straßenbahnlinie 62, Autobus 63A)

Hirschstetten, 1220, Quadenstraße KNr. 135 (Autobus 23A, 95B)

Inzersdorf, 1230, Kolbegasse 264 (Autobus 66A)

Jedlesee, 1210, Liesneckgasse 246 (Straßenbahnlinie 32, Autobus 33B)

Jüdischer Friedhof, 1210, Ruthnergasse gegenüber Shuttleworthstraße (Straßenbahnlinie 31, Autobus 30A, 31A)

Kagran, 1220, Goldemundweg 134 (Straßenbahnlinie 25)

Kahlenberger Dorf, 1190, Jungherrnsteig (Schnellbahn S 40)

Kaiser-Ebersdorf, 1110, Thürnlhofstraße 350 (Autobus 72A, 73A)

Leopoldau, 1210, Leopoldauer Platz, P 263/2 (Autobus 25A, 27A)

Liesing, 1230, Siebenhirtengasse KNr. 402 (Autobus 64A)

Meidling, 1120, Haidackergasse 154 (Schnellbahn, Straßenbahnlinie 8, 62, Autobus 7A, 15A)

Ober-Laa, 1100, Friedhofstraße (Straßenbahnlinie 67, Autobus 17A)

Rodaun, 1230, Leinmüllergasse 20 (Straßenbahnlinie 60, Autobus 60A)

Stadlau, 1220, Gemeindeaugasse (Straßenbahnlinie 25, Autobus 18A, 92A)

Stammersdorf-Zentral, 1210, Stammersdorfer Straße 244–260 (Straßenbahnlinie 31, Autobus 31B)

Strebersdorf, 1210, Lang-Enzersdorfer Straße 34 (Straßenbahnlinie 32, Autobus 32A)

FRIEDHÖFE IN DER UMGEBUNG WIENS

Baden bei Wien
Städtischer Friedhof
1 *Genée, Richard* (1823–1895). Dirigent, Komponist, Librettist („Fledermaus", „Bettelstudent", „Gasparone" u. a.).
2 *Lucca, Pauline, verehel. Baronin v. Wallhofen* (1841–1908). Sängerin (Sopran), Mitglied der Wiener Hofoper 1874–1889.

Helenenfriedhof
Montecuccoli degli Erri, Rudolf Graf (1843–1922). Österr. Admiral, 1904–1912.

Heiligenkreuz bei Baden
Stiftskirche
Altomonte, Martin, eigentl. Hohenberg (1657–1745). Bekannter Barockmaler.

Friedhof
Vetsera, Marie Freiin v. (1871 bis 1889). Kam gemeinsam mit Kronprinz Rudolf in Mayerling ums Leben.

Hinterbrühl, Bezirk Mödling
1 *Heuberger, Richard* (1850–1914). Operettenkomponist („Der Opernball"), Dirigent.
2 *Mannlicher, Ferdinand Ritter v.* (1848–1904). Waffenfabrikant.

Marie v. Vetsera

KLOSTERNEUBURG
Stift, Leopoldskapelle
Leopold III., der Heilige (um 1075–1136). Markgraf von Österreich, Stifter der Klöster Heiligenkreuz und Klosterneuburg. 1485 heiliggesprochen.

Unterer Friedhof, Martinstraße
Michalski, Aenne (1901–1986). Sängerin (Sopran). Mitglied der Wiener Staatsoper (1928–1953). Verheiratet mit Wilhelm Jarosch.

KLOSTERNEUBURG-WEIDLING
1 *Hammer-Purgstall, Joseph Frh. v.* (1774–1856). Orientalist, Schriftsteller.
2 *Lenau, Nikolaus*, eigentl. Nikolaus Franz Niembsch, Edler v. Strehlenau (1802–1850). Schriftsteller, Lyriker. Starb in geistiger Umnachtung.

MARIA ENZERSDORF, BEZIRK MÖDLING
1 *Müller, Adam Heinrich, Ritter v. Mitterdorff* (1779–1829). Sozialwissenschaftler, Nationalökonom. Schrieb „Elemente der Staatskunst".
2 *Werner, Zacharias* (1768–1823). Dichter und Dramatiker („Martin Luther"), Geistlicher in Wien.

PERCHTOLDSDORF, BEZIRK MÖDLING
Hyrtl, Joseph (1810–1894). Österr. Anatom und Philanthrop.

PRESSBAUM
Corti, Egon Caesar Conte (1886–1953). Historiker und Schriftsteller. Schrieb u. a. „Elisabeth", „Maximilian und Charlotte".

ST. ANDRÄ-WÖRDERN
Lorenz, Konrad (1903–1989). Verhaltensforscher. Nobelpreisträger für Medizin 1973.

WETZDORF, BEZIRK HOLLABRUNN
1 *Radetzky von Radetz, Joseph Wenzel Graf* (1766–1858). Österr. Feldmarschall, 1809 zum Generalstabschef Schwarzenbergs und

General ernannt, entwickelte 1813 Feldzugsplan für die „Völkerschlacht bei Leipzig", 1831 bis 1857 Generalgouverneur in Oberitalien. (Begraben zusammen mit Feldmarschall Max v. Wimpffen und Josef Pargfrieder.)

NAMENREGISTER

A

Abraham a Sancta Clara 11
Absolon, Kurt 81
Adams, John 55
Adler, Alfred 9
Adler, Friedrich 48
Adler, Guido 37
Adler, Viktor 48
Adlmüller Alfred 54
Albach-Retty, Rosa 37
Albach-Retty, Wolfgang 37
Albert Kasimir 12
Albrechtsberger, Johann 77
Alt, Jakob 47
Alt, Rudolf 27
Altenberg, Peter eig. Richard Engländer 24
Altomonte, Martin 121
Amerling, Friedrich, Ritter v. 26
Amery, Jean eig. Johann A. Mayer 40
Anatomiegräber, alte 45
Anatomiegräber, neue 49
Anday, Rosette 36
Andergast-Häussler, Maria 44
Angeli, Heinrich v. 33
Anger, Josef 95
Anzengruber, Ludwig 25
Apostel, Hans Erich 37
Artaria, Dominik 93
Artmann, Hans Carl Dr. h.c. 71
Aslan, Raoul 109
Assmayer, Ignaz 47
Aubry, Blanche 40
Auer v. Welsbach, Carl Frh. v. 82
Austerlitz, Friedrich 71

B

Bach, Christoph de 77

Baillet-Latour, Theodor Graf 44
Balser, Ewald 99
Bauer, Otto 48
Bauernfeld, Eduard v. 29
Baumann, Ludwig 50
Bayer, Josef 24
Bayros, Franz de 45
Beck, Friedrich Graf 58
Beck, Max Frh. v. 82
Beethoven, Ludwig van 30, 31
Beethoven, Ludwig van (ehem. Währinger Ortsfriedhof) 99
Beethoven, Marie van 60
Benda, Arthur 71
Benya, Anton 38
Berg, Alban 82
Berg, Armin eig. Hermann Weinberger 69
Berger, Alfred 32
Berger, Johann Nepomuk (ehem. Döblinger Fdh.) 103
Bernatzik, Hugo 113
Berndl, Florian 57
Bernhard, Thomas 109
Berry, Walter Prof. 113
Berté, Heinrich 58
Bettauer, Hugo 71
Bettelheim, Anton 104
Beust, Friedrich F. Graf 74
Billroth, Theodor Dr. 25
Binder, Karl 74
Birkenstock, Johann v. 77
Birkmayer, Walther Univ.-Prof. DDr. h.c. 99, 100
Bitterlich, Eduard 32
Bittner, Julius 33
Blaas, Julius 47
Blasel, Karl 32
Blau, Tina 63

Berühmte Gräber in Wien

Berühmte Gräber in Wien

QUELLEN

Adler, Josef und Clemens M. Gruber, Berühmte Gräber in Wien, Wien
²1991

Aubert, Joachim, Handbuch der Grabstätten berühmter Deutscher, Österreicher und Schweizer, München ²1975

Berger, Günther, Spuren der Vergänglichkeit, Wien 1899

Budig Robert, Gertrude Enderle-Burcel, Peter Enderle. Ehrengräber am Wiener Zentralfriedhof, Wien o. J.

Gruber, Clemens M., Opernuraufführungen, Wien 1978, 1987 und 1995

Haubold Barbara. Die Grabdenkmäler des Wr. Zentralfriedhofes von 1874–1918. Münster 1990

Havelka, Hans, Zentralfriedhof (Wiener Bezirkskulturführer), Wien 1989

Hübel-Olengo, Elisabeth, Ein Gang durch den „Romantiker-Friedhof" in Maria Enzersdorf bei Wien, Wien 1958

Kapner, Gerhard, Freiplastik in Wien, Wien 1970

Krall, A. J., Führer auf den Friedhöfen Wiens und Umgebung, Wien 1879

Kusin, Eberhard, Die Kaisergruft, Wien 1974

Markl Hans, Berühmte Ruhestätten auf den Friedhöfen, Wien 1961

Menschen, Schicksale, Monumente: Der Döblinger Friedhof, Wien 1990

Österr. Biographisches Lexikon, Wien 1957 ff.

Pemmer, Hans, Der Friedhof zu St. Marx in Wien, Wien ²1959

Pemmer Hans, Der Wiener Zentralfriedhof. Wien 1924

Pemmer, Hans und Lackner, Ninni, Der Döblinger Friedhof, Wien 1947

Rechnitz, Stefan, Die Badener Friedhöfe, Manuskript. Baden 1960

Rechnitz, Stefan, Der Friedhof von St. Marx, Manuskript. Wien 1963

Rechnitz, Stefan, Grabstätten berühmter Männer und Frauen, Wien 1948

Rechnitz Stefan, Der Wiener Zentralfriedhof. 3 Bände. Wien 1956

Reingraber, Gustav, Der evangelische Friedhof in Wien-Matzleinsdorf. In: Wiener Geschichtsblätter 1966, Nr. 4

Schulte-Kettner, Gabriele, Der Wiener Zentralfriedhof als historische Quelle. Phil. Diss., Wien 1979

Stehlik, Karl E., Der Grinzinger Friedhof 1830–1952, 2 Bde. Manuskript.

Wolf Michael u. Klaus Edel: Prominentengräber auf dem Evangelischen Friedhof Wien-Favoriten, Matzleinsdorf, Wien 1998

BILDNACHWEIS

Alle Abbildungen entstammen dem Bildarchiv der Österreichischen
Nationalbibliothek und dem Archiv des Autors.